The Evolution of
Resource-Based View

資源ベース論の理論進化

企業における硬直化を巡る分析

永野寛子 [著]
Nagano Hiroko

中央経済社

は し が き

　経営学においては，さまざまな立場から企業についての研究が行われている。その中で，資源ベース論（resource-based view）と称される一連の理論は，とくに戦略論の領域において理論的にも実践的にも主要な位置を占める研究であるとみなされている。しかし，この「資源ベース論」という用語については多種多様な解釈が存在しており，学説的に明確な位置づけがなされているとはいいがたい。

　これは，資源ベース論の諸研究が実際の企業に対して戦略的インプリケーションを与えるということを目的として実践に深くかかわる領域で発展してきた一方で，理論的な考察が十分になされていないことに起因するものであろう。とくに，資源ベース論それ自体を対象としたメタレベルの理論的な考察はいまだ不十分であるといえる。

　このような現状を踏まえ，資源ベース論という戦略論的に重要な研究について，特定の枠組みを基礎としてメタレベルの理論的考察を深めることには多大な意義があると考えている。なぜならば，そのようなメタレベルの考察を行うことによって，資源ベース論の貢献と問題点を明らかにすることが可能となり，今後の資源ベース論をはじめとした戦略論の諸研究の進むべき道を考える助けとなり得るからである。

　著者は，戦略論についての研究を行うとともに，批判的合理主義をはじめとした哲学的領域にも深い関心を有してきた。その中で，資源ベース論を学説的に明確に位置づけるためには，批判的合理主義に基づく問題移動の枠組みを用いることが有用なのではないかと考え，研究を進めてきた。

さらに，「硬直化」という現象に着目して問題移動を分析することで資源ベース論の理論進化がより明らかになると考え，本書に示したモデル化を行うに至った。

　また，資源ベース論は，組織論や経済学をはじめとした他領域からさまざまな概念を取り入れながら進化してきた。本研究においては，独自のモデル化の中で，それらの概念がいかにして資源ベース論に導入されたのかを明らかにした。つまり，本書は，戦略論と他領域の関連概念とのかかわりについても積極的に考察を行うものである。そのような考察を行うことで，本書が読者諸氏の体系的な概念整理にも役立つであろうことを期待している。

　たとえば，近年，企業経営における「知識」の役割について，とくに組織論をはじめとした諸領域で多様な議論がなされている。資源ベース論の理論進化を分析するなかで，資源ベース論の諸研究が，この知識という問題にも密接に関連していることが明らかになった。そのため，資源ベース論において着目される知識概念が，学習論や進化論という概念を導入する中でいかに変化してきたかについても，本書において分析を行っている。

　資源ベース論の理論進化の認識論的意義については，拙著で十分に明らかにすることは叶わないであろう。しかし，本研究によるモデル化によって，経営学説史および戦略論の領域における発展に僅かでも貢献することができれば幸甚である。

　本書は，2014年5月に博士号を授与された博士論文を加筆修正の上，出版したものである。本書を執筆する過程においては，さまざまな方々のご指導とご支援を賜った。

　恩師である慶應義塾大学の渡部直樹先生には，言葉では言い表せないご厚情を賜り，心より御礼を申し上げたい。渡部先生には，大学院在籍時か

ら哲学・経営学・経済学といった諸分野についてのさまざまな考え方をご教示いただき，それが私の研究の礎となっている。また，本研究に関しても構想段階からご助言を賜り，厳しくも温かいご指導をいただいた。本研究はまだまだ解決すべき問題を多々含んでいるが，先生からご指導いただいたことをもとに今後とも精進していく所存である。先生の多大なるご厚情に深く感謝申し上げるとともに，先生の今後のますますのご活躍とご多幸をお祈り申し上げたい。

　慶應義塾大学の榊原研互先生と菊澤研宗先生には，研究会や学会などのさまざまな場面でご指導をいただいた。榊原先生には，とくに批判的合理主義について丁寧にご教示いただき，本研究についてもつねに貴重なご意見を賜った。また，菊澤先生には，とくにダイナミック・ケイパビリティ論をはじめとした本研究にかかわる概念についてご助言いただいた。多様な見方や考え方を示して私の視野を広げてくださったことに対し，両先生に心より感謝申し上げたい。

　大学院修士課程でご指導いただいた十川廣國先生ならびに大学学部でご指導いただいた故・澤悦男先生にも謝意を申し上げたい。両先生には，私がこのような研究者として歩む道を示していただいたことを感謝申し上げている。両先生門下の先生方にも，さまざまにお世話になったことに御礼を申し上げたい。

　また，研究会や学会に参加されていた先生方や大学院生の皆様にも多くのご意見やご助言をいただいたことを感謝している。とくに，渡部先生門下の楊錦華先生，西谷勢至子先生，糟谷崇先生，赤尾充哉先生，髙橋大樹先生，大芝周子先生，ならびに，慶應義塾大学の髙田英亮先生，橋本倫明先生，慶應義塾大学商学研究科博士課程の白石秀壽氏には，さまざまな困難に直面した際にいつも力になっていただいたことを御礼申し上げたい。経営哲学学会，日本経営学会および組織学会の諸先生方にも，貴重なコメ

ントをいただき，感謝の気持ちで一杯である。

　本書における研究はメタ理論的な性格を有するものであるが，資源ベース論の経験科学的な性格を鑑みると，企業に対する実地調査も大変有用なものであった。お忙しい折，インタビュー調査にご協力いただいた株式会社CSKホールディングスの元・代表取締役社長である福山義人氏ならびに株式会社一ノ蔵の代表取締役会長である櫻井武寛氏に心より感謝申し上げたい。

　現在勤務している立正大学経営学部においては，諸先生方に研究に関してのみならず教育に関してもさまざまにご助言いただいた。研究者としても教育者としても成長させていただき，心より感謝申し上げている。とくに本書は，立正大学産業経営研究所から出版助成を受け，研究所叢書の1冊としていただいた。産業経営研究所所長の宮川満先生をはじめとして，産業経営研究所の先生方，経営学部事務室の職員の方々には厚く御礼申し上げたい。

　出版環境の厳しい中，本書の出版を快くお引き受けくださった株式会社中央経済社の山本時男最高顧問ならびに山本継会長，山本憲央社長に御礼申し上げたい。また，編集等でお世話になった同社経営編集部の納見伸之編集長と市田由紀子編集次長にも感謝申し上げる次第である。

　最後に，私事で恐縮ではあるが，私の研究をつねに支え続けてくれている両親と友人，そして大切な人に心からの感謝を伝えたい。

　　2015年2月

永野寛子

目次

はしがき *i*

第1章 批判的合理主義に基づく資源ベース論の分析: 本書の目的と構成 —— *1*

1 本書の目的 *3*
2 本書の構成 *7*

第2章 批判的合理主義に基づく認識論的枠組み —— *11*

1 問題移動と理論進化 *13*
2 ポパーによる世界3の概念と知識の問題 *14*
3 世界3の自律性と理論進化 *19*
4 推測と反駁のプロセス *22*

第3章 資源ベース論の再構成の意義 —— *33*

1 「資源ベース論」を巡る状況 *35*
2 先行研究における「資源ベース論」 *36*
3 先行研究の問題点 *41*
4 再構成のための分析視点 *42*

第4章 資源ベース論における硬直化 ―― 47

1　資源ベース論と硬直化　*49*
2　制度の有する経路依存性・慣性　*50*
3　経路依存性の逆機能としての硬直化　*52*
4　資源ベース論における硬直化の位置づけ　*56*

第5章 資源ベース論の問題移動と理論進化 ―― 67

1　資源ベース論の3つのフェーズ　*69*
2　第1フェーズの問題設定と理論　*71*
3　第1フェーズの理論に対する反証：第1の硬直化　*74*
4　第2フェーズの問題設定と理論　*77*
5　第2フェーズの理論に対する反証：第2の硬直化　*82*
6　第3フェーズの問題設定と理論　*88*

第6章 資源ベース論における知識 ―― 101

1　資源ベース論と知識の関係　*103*
2　個々の技能・ノウハウから組織ケイパビリティとしての知識へ　*106*
3　ケイパビリティ概念の変化と個人的な暗黙的知識への着目　*112*
4　資源ベース論における知識概念の変遷　*119*

第7章 資源ベース論の変容と理論進化の認識論的意義 ── 125

1 資源ベース論の変容 *127*
2 資源ベース論の着眼点と性格の変化 *127*
3 戦略論的性質への影響 *136*
4 理論進化の認識論的意義 *139*

第8章 資源ベース論の理論進化についての総括と展望 ── 157

1 総 括 *159*
2 展望と補足 *168*

補 章 コア・リジディティおよびダイナミック・ケイパビリティについてのインタビュー調査 ── 171

1 企業調査の意義 *173*
2 インタビュー調査の対象 *175*
3 インタビュー内容の概要 *176*
4 考 察 *181*

参考文献 *183*
索 引 *195*

第1章
批判的合理主義に基づく資源ベース論の分析:
本書の目的と構成

1　本書の目的

　現代の経営学において，資源ベース論（resource-based view）と称される一連の理論は，そのアプローチの独創性のみならず経営現象に対する経験的な説明力という点においても，大いに注目を集めている。なぜならば，資源ベース論は既存の産業組織論にルーツを持つ市場重視の戦略論とは異なり，あくまで企業の内部資源に着目した視点から，企業に対して優位性獲得のためのより実践的なインプリケーションを与える戦略論の確立を目指してきたからである。

　しかし，同じ「資源ベース論」という名前でよばれていても，その中には数多くの研究やアプローチが存在しており，また，時間の経過とともに研究上の視点・方向性も変化している。そのため，どの時期，どの視点に注目するかによって，資源ベース論がどのように特徴づけられるのか，そしてそれがいかなる特異な研究方法によって支えられているのかといった点について，論者によって多様な議論・解釈がなされているのも事実である。

　そのような多様な視点が錯綜する中，現在，資源ベース論に対して，一貫性のある論理的枠組みが提示されたうえで，十分に合理的な議論がなされているとはいいがたい。このことから，「いかに資源ベース論を学説的に明確に位置づけるか」という問題の解決のためには，先行研究のようなアド・ホックな整理や分類を行うだけではなく，何よりも，認識論的に合理性のある論理整合的な枠組みを用いて資源ベース論を再構成し，分析を加えることが必要と考える。

　そのため，本書においては，対象とされる事物の状況を理念的に再構成

することでそれらを合理的に解釈・説明するという，社会科学や歴史学においてこれまで広く用いられてきた方法を用いる。具体的には，批判的合理主義によって展開されている問題移動のモデルを基礎として分析を行う。このモデルは，科学史の分析において，その論理性，解釈の妥当性という点で高い評価がなされている方法である。これを用いることで，資源ベース論の理論的発展について批判的に吟味することが可能となる。

　批判的合理主義の代表的論者であるポパー（Popper, K. R.）は，生物体（および人間）が解決しようとする問題と，それによって形成される問題状況に着目し，この問題状況の移動のプロセスが，まさに進化プロセスとして位置づけられると捉えた。彼はこの進化プロセスこそが，認識進歩を含めた多くの認識論的問題に適応できると考えたのである。本書では，この進化のモデルを用いて，資源ベース論を問題状況の移動という観点から再構成し，それによって，学説的により深い考察を行うことを意図している。

　ポパーは，われわれがかかわる世界は3つに分けられるとし，物理的現象の世界（世界1），主観的世界（世界2）に続いて，人間精神の産物の世界である世界3の存在を主張し，人工的な思惟的構築物の一種である理論（理論的言明）も世界3に属するとした。世界3において，その住人は，それを生みだした主体の意図とは独立して人間による推測と反駁のプロセスの中で自律的に動き，意図せざる結果を生み出すとされる。したがって，資源ベース論における経験的理論も世界3の住人であることから，当然，このような進化論的なプロセスを経て変化していくことになる。

　この進化プロセスを簡単に説明すると，トライアル・アンド・エラー（試行錯誤）の過程のアナロジーとして，推測（トライアル）と反駁（エラー）による問題移動という進化概念を提示したものであるといえる。それは，以下のようなプロセスとして示される。

第1章　批判的合理主義に基づく資源ベース論の分析　5

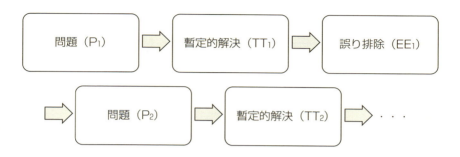

　この一般的なモデルは，（科学的）理論のみならず，法律，社会制度，音楽・絵画などの芸術作品，哲学，数学，形而上学といった，いわゆる世界3の住人すべての進化に該当するものである。（科学的）理論をこのモデルに対応させると，まずは問題が考えだされ（推測），それに対する暫定的解決として理論が提示される（推測）。この理論に対し，誤り排除として自己を含めた間主観的な批判的テストが行われ（反駁），さらに，そのテスト結果を踏まえ，誤りに対応する問題が新しく考えだされ（推測）・・・というプロセスが続いていくこととなる。

　このモデルにおける推測と反駁のそれぞれのプロセスは，厳密には連続しておらず，論理的には創発的ジャンプの性格をもっている。しかし，問題の移動（$P_1 \rightarrow P_2 \rightarrow P_3 \rightarrow \cdots$），ならびにそれに付随する理論（暫定的解決）の対応を分析することで，一連の理論群の進化（変遷）プロセスを説明するだけでなく，理論群の認識進歩についてとり上げることも可能になる。

　なぜならば，ポパーの述べているように，この世界3での理論進化のプロセスは，生物体の進化の典型である偶然性（by chance）による自然淘汰ではなく，人間の連続的な熟慮によって行われるものと考えられるからである。したがって，本書は，このモデルを用いて資源ベース論という理論群における問題移動を考えて理論的特質を評価するのみならず，そのよう

な理論変遷の認識論的意義について明確にすることを目指すものである。

　本書では，特に資源ベース論の理論進化プロセスにおいて，当該理論に対する経験的な反駁および理論的な反駁として提示され問題移動を引き起こす契機となってきたのが，硬直化という概念で捉えられる現象であるとみなす。そして，この硬直化と資源ベース論の変遷が強い関係性をもつことを明らかにする。

　硬直化は，一般的には組織における柔軟性の欠如の問題とされるが，本研究ではとくに組織における逆機能的現象に着目し，「硬直化」を「内部資源の強化がもたらす意図せざる結果」として解釈する。具体的に，この硬直化の問題は上述の問題移動の過程において，現行の暫定的解決（TT）に対する経験的・理論的な誤り排除（EE）としてあらわれる。このことから，硬直化は，進化プロセスにおいて，新しい問題の創出に大きくかかわることになる。

　以上のことから，本書においては，まずは，ポパーに代表される認識進歩のモデルおよび本書独自の硬直化という概念について明らかにする。そのうえで，それらを用いて資源ベース論の理論進化について分析と考察を行っていく。

　まずは，1980年代前半のワーナーフェルト（Wernerfelt, B.）やバーニー（Barney, J. B.）の研究から現在にいたる資源ベース論を一連の理論群として眺め，硬直化に焦点を当てながらこれらを俯瞰的に再構成する。そして，資源ベース論が3つのフェーズ（問題移動プロセス）に区別できることを明確にし，そのうえで，それぞれのフェーズの問題状況や理論の変化を分析する。それによって，資源ベース論の理論進化における性格の変容とその認識論的意義を明らかにすることができる。

2　本書の構成

　本研究は，上述の目的を達成するため，本章以降，8つの章から構成されている。以下，各章の内容についてその概略を記述し，それによって，本研究の流れと全体像を明らかにする。

　まず，第2章では，本研究における認識論的視点について明らかにする。具体的には，ポパーの研究をもとに本研究において用いる批判的合理主義を基礎とした方法論的な概念について述べる。

　そして，ポパーが示した世界3論という概念について明らかにするとともに，そこにおいて世界3に分類される理論が，いかなる性格を有しているかを明確化する。それを踏まえ，理論がダーウィン主義的な進化過程をたどることを述べて，そのような理論進化がいかになされるかを「推測と反駁」の概念を挙げて説明する。

　第3章においては，本研究の分析・考察の対象である「資源ベース論」を再構成することにいかなる意義があるかについて，先行研究の状況を踏まえて明らかにしていく。ここでは，先行研究として，Foss *et al.*（1995），Helfat and Peteraf（2003），Grant（2002），Teece（2007）といった研究をとり上げる。

　まずは，それらの「資源ベース論」という研究領域について言及している先行研究においていかに「資源ベース論」という用語が取り扱われているかについて概説する。そのうえで，それらの先行研究の問題点を指摘して資源ベース論について学説史的に十分な議論がなされていないという現状を明らかにする。それを踏まえて，先行研究の問題点を克服することを目的とした再構成のための分析視点を，第2章で述べた方法論的な概念と

併せて明確化する。

　また，本研究は，「資源ベース論」の理論進化のプロセスにおいて「硬直化」という概念が大変重要な役割を果たしていると考えている点に大きな特徴がある。そのため，第4章では，本書においてこの「硬直化」という概念をいかに捉えているかについて詳述する。

　まず，硬直化の概念の前提として，進化経済学や比較制度分析といった経済学の領域で論じられることの多い経路依存性の概念を明らかにする。そのうえで，その経路依存性の逆機能としての硬直化について，「慣性」という概念との関係を明らかにしながら記述を行う。さらに，それを踏まえ，資源ベース論の理論進化のプロセスにおいて硬直化という問題がいかに位置づけられるかを明示する。

　第2章から第4章までの概念的・方法論的枠組みをもとに，第5章では，資源ベース論の問題移動と理論進化を分析していく。ここでは，問題状況の移動という観点から3つのフェーズに分けることによって，資源ベース論の理論進化が明らかになることを示す。

　具体的には，多くの先行研究をレビューしながらそれぞれのフェーズの問題および暫定的解決（理論）とその変遷という形で資源ベース論を再構成する。とくに，暫定的解決に他する誤り排除（反証）としての硬直化（第1の硬直化，第2の硬直化）について説明を行い，この硬直化を巡っていかに問題移動がなされて新しい研究が生じたかを明確化することに焦点を置いて分析を進める。

　第6章では，第5章で明らかにした理論進化のプロセスを踏まえながら，資源ベース論において「知識」という問題がいかに論じられてきたかを考察する。資源ベース論においてはつねに知識の問題が根底にあり，知識という観点から資源ベース論の理論進化を考えることが可能であると考えられるからである。

ここでは，まず，一般的に知識ベース論やダイナミック・ケイパビリティ論と称される研究と資源ベース論の関係を明らかにしながら，資源ベース論の理論進化と知識の問題がどのように関連するかを述べる。その上で，初期の資源ベース論が知識ベース論を経てダイナミック・ケイパビリティ論へと進化していくプロセスにおいて，いかなる知識に注目がなされてきたかを分析する。

第7章においては，資源ベース論の変化を整理するとともに理論進化の認識論的意義について考察を行う。とくに第5章および第6章の内容を基礎として分析を進める。

まず，第5章の内容を踏まえながら，資源ベース論が理論進化のプロセスにおいていかに着眼点をシフトさせ，その結果，いかなる性格の変化が生じたかについて明らかにする。次に，資源ベース論が戦略的なインプリケーションを企業に与えるという側面をも有していることを鑑みて，第6章の内容を踏まえながら，資源ベース論の理論進化における知識概念の変遷が戦略的意義に与えた影響について考察する。その上で，このような資源ベース論の理論進化がいかなる認識論的意義を有していたかを考察し，結論を導く。

第8章では，以上の内容を総括した上で，若干の補足を行いながら，資源ベース論の展望についての記述を行う。

なお，本書はメタ理論レベルの学説史研究という分野に属するものであり，企業調査などの経験レベルの研究はそれ自体，コアな問題ではない。しかし，いくつかの事例を挙げ，本書で行われているメタ理論的な議論が，何らかの意味のある経験内容を含意していることを示すことは，本書の読者の方々の理解を深めるのに役立つという点で有意義であると考える。そのため，従来研究の乏しかった情報産業および清酒製造業という分野でインタビュー調査を実施し，その結果を補章として収録している。

具体的には，株式会社CSKホールディングスの元・代表取締役社長（インタビュー当時は代表取締役社長）である福山義人氏と株式会社一ノ蔵の代表取締役会長である櫻井武寛氏に対し，対面式インタビュー調査を行った。そして，コア・リジディティおよびダイナミック・ケイパビリティについての両氏の見解を明らかにした。

第2章
批判的合理主義に基づく認識論的枠組み

1　問題移動と理論進化

　本書は，資源ベース論を問題移動という観点から再構成してその理論進化を明らかにすることを目的とするものである。そのようなことを行う際に問題となるのが，なぜ「理論進化」というものが問題移動プロセスという点から捉えられるのか，なぜそのことが論理的な妥当性をもつといえるのか，その哲学的（存在論的）観点は何に求められるのかといったものであろう。

　それに答えるため，本章では「問題から発し問題にいたる」という問題移動プロセスが，理論の進化の分析に用いられることの意味について述べ，さらに，同じダーウィン主義の伝統に立ちながらも，一般的に変異─遺伝─淘汰のプロセスで展開される生物体の自然淘汰との違いが，物理的存在と人間精神の産物という対象の違いに帰着することを示す。その上で，人間精神の産物たる「理論（的言明）」がいかなる世界に属するものであるか，なぜそれらが進化することになるのか，どのように進化が起こっていくのか，ということについて考える。

　とくに，ここでは，批判的合理主義の代表的論者であるポパーによる世界3論の概念を基礎とする。そして，世界3は自律性を有するというポパーの主張に着目しながら，世界3の住人である理論の進化について明らかにする。

2 ポパーによる世界3の概念と知識の問題

　ポパーは,「知識とはいかなるものか」という問いに答えるには, 世界を心 (mind) と身体 (body) の2つの世界から理解しようとする従来からのデカルト的な心身二元論では不十分であり, 認識論的にも重大な問題を抱えていると主張する。つまり, 科学的理論, 芸術作品, 論理学や数学, 法律, 社会制度といった, 自律的な人間精神の産物を, 心か身体のどちらに入るかという二元論の範疇で扱うのは困難であるとする。

　そのため, あくまで多元論的世界観に立ち, この2つの世界に加え, 物的世界や主観的経験の世界と区別された客観的世界として, 世界3という概念を示している[1]。つまり, ポパーは, 事物 (物的対象) の世界を世界1とよび, 人間の五感, 感情, 思考過程のような主観的経験の世界を世界2とよぶとすれば, 人間精神の産物の世界 (客観的知識) の世界は世界3とよべるとしているのである。

　それらの3つの世界は, 世界3は世界2に, 世界2は世界1にそれぞれ「還元」することはできないという意味で, それぞれが閉じた体系である。しかし, それらは世界2を通じてお互いに交流することができ, その意味で開かれた関係となっているとされる。

　ポパーの世界3論における世界1, 世界2, 世界3の関係は**図表2-1**のように示すことができる。

　ポパーは, そのような世界観をもとに, 世界3の客観的知識の世界の独自性, 独立性, 実在性を主張する。彼によれば,「昨夜幽霊を見た」といったような世界2の住人である個人の主観的な感覚・観察は, それがいかに当該個人にとって確信を持ったもの, 確実なものであっても, 間主観

図表2-1 ◆ポパーの世界3論における各世界の関係

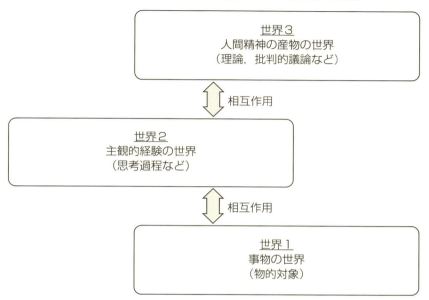

出所:Popper (1976), Chapter 38を参照して著者作成。

的(客観的)に議論が可能なものではない。そのため,世界3の住人である客観的知識は,他者との批判的な議論が可能となる形式にされることが必要となるという。

つまり,言明形式による定式化がなされることによって,はじめて客観的思想(理論)を批判し議論することが可能となると考えるのである。したがって,後述のように,世界3には問題と議論とりわけ批判的議論といったものが入ることになる[2]。

それらの世界3の住人はいかなる存在論的性格をもっているか——世界3の実在性——について論じるにあたり,ポパーは自らが実在論者の立場にたっていることを明確にしている。ポパーは,まず第1にテーブルや椅子といった物的事物に注目し,そのような物的事物に作用を及ぼし,また物

的事物によって作用を及ぼされるうるものならば，実在的とよべるとしている。

　また，ポパーは物的事物の世界の実在性を論じるとともに，物的事物自体も世界３の諸対象によって大きな影響を受けることを指摘する[3]。このことから，世界３の諸対象はその意味でも「実在的」と捉えられるとするのである[4]。

　ただし，ポパーは，世界１に属する物理的，現象的なテーブルや椅子などとまったく同じ意味で，あるいは世界２の主観的な感覚とまったく同じ意味で，世界３の住人である理論などの実在性を主張している訳ではない。つまり，テーブルや椅子などの物的な事物の世界は，「もし足でそれを蹴れば，それによって蹴り返される」という意味で，物理的なその実在を説明することができる。また，世界２の主観的世界についても，「お腹が痛い」という感覚は，当該個人にとってはまさに，ゆるぎない確かな実在である。それらに対して，世界３の実在性はいささか異なるものである。

　このことに関する例として，数学の概念である複素数が挙げられよう。確かに複素数の概念は，人間が考え出した人工物であり，その意味で人間が発明したものといってよい。しかしその概念は一人歩きし，「２以外のすべての複素数は奇数であるのか」あるいは「複素数は無限か」といった新たな問題を提示する。

　具体的にわれわれは，証明という形でこれらの問題に対する解決を図るのであるが，その解決のプロセスは，発明というよりは発見のプロセスといってもよい。その概念は，世界３の中でその最初の考案者の観点から離れ，多くの人達による（批判的）議論を介して独り歩きをし始め，自律的なふるまいをする。その意味で，世界３の住人は実在的であるといえるし，先ほど例に挙げた複素数は実在するのである。

　このような世界３の自律性・実在性は，以上のような間主観的な批判的

第 2 章　批判的合理主義に基づく認識論的枠組み　17

議論によってはじめて可能になるものである。ポパーによると，この議論は問題の提起とそれに対する解決策の提示，さらにその解決策に対する厳しい批判的テストを経て，より新しい問題の提起というプロセスをとり，問題と共に進化する。ポパーは，このプロセスをトライアル・アンド・エラーの問題解決として一般的に表すことができるという。

まさに，この問題解決プロセスは「問題（P_1）→暫定的解決（TT_1）→誤り排除（EE）→問題（P_2）→…」という形で示すことができる。この時，問題や暫定的解決といったものは，われわれの独創的な発想から得られるものであり，その個々のメカニズムについては，世界2の主観的思考を通じて示される。

そのため，その論理的・合理的な説明を行うことは不可能であり，あくまで後知恵として解釈できるものと考えられる。この時，世界3は世界2の主観的世界と相互作用を起こすのであるが，それと同じように，世界2を通じて世界1の住人である現実の物理現象とも相互作用がなされるのである。

さらに，世界3の実在性は，その自律性の帰結として起こる「意図せざる結果」という現象からも捉えることができる。意図せざる結果とは，提示された問題の解決策である制度や理論が，そもそもの意図とは別の結果をもたらしてしまうというものである。このような世界3における意図せざる結果は，とくに法制度の制定においてよく見られる。たとえば，平成24年8月10日に公布された「労働契約法の一部を改正する法律」についての例を挙げることができる[5]。

この改正は，有期労働契約[6]で働く人の約3割が，通算5年を超えて有期労働契約を反復更新している実態を踏まえ，そのもとで生じる雇止めの不安の解消を課題として行われたものである。また，有期労働契約であることを理由として，不合理な労働条件が定められることのないようにして

いくことも想定されていた。しかし，この改正法に基づく新たなルールの1つとして「無期労働契約への転換」が含まれていたことによって，意図せざる結果が生じた。

　これは「有期労働契約が反復更新されて通算5年を超えたときは，労働者の申込みにより，期間の定めのない労働契約（無期労働契約）に転換できる」というルールである。このルール設定の趣旨は，有期労働契約のもとでその契約を反復更新している労働者を，実態に合わせて無期労働契約へと転換してその利益を守ろうとするものであった。このことは，無期転換を申し込まないことを契約更新の条件とするなど，あらかじめ労働者に無期転換申込権を放棄させることはできない（法の趣旨から，そのような意思表示は無効と解される）ことが明確に示されていることからもうかがえる。

　しかし，雇用者側としては，有期労働契約で働いている人々を無期労働契約へと転換させずに，有期契約としての労働形態を続行させたいと考える場合が多かった。そのため，実際の企業においては，無期労働契約への転換を防ぐために，契約期間が5年を超えそうな場合には有期労働契約の更新を行わないという事例が相次ぐことになったのである。したがって，「労働契約法の一部を改正する法律」制定の趣旨としては，有期労働契約で働く労働者の利益を守ることを意図したものであったにもかかわらず，有期労働契約で働く労働者の利益を損なうという意図せざる結果が生じたといえる。

　このような意図せざる結果についての議論は，世界3の住人の人間精神の産物という特異な性格のみならず，その自律性として惹起する進化，もしくは進歩，さらに世界1ならびに世界2との交流といった問題をも明らかにすると考えられる。

　以上を踏まえ，本書においては，「問題解決プロセス」の視点から資源

ベース論という一連の理論群を分析するという方法が採用される。その方法を採用することの合理性については，資源ベース論の変遷をまさに世界3の問題として捉えたということから，明確に論証できたと考える。また，同じダーウィン主義に立ちながら，生物体の進化とは異なる「問題―理論―反駁」という進化プロセスとして理論進化を捉えたことの合理性についても，上述の世界3のもつ特徴的な性格からこたえることができると考えられる。

3 世界3の自律性と理論進化

　ポパーは，人間精神の産物である世界3における論理的または知的領域として，問題，理論，批判的議論を挙げる。ポパーは，世界3というものの第1の性格をその自律性に求めたが，その世界の住人の中でも，特に客観的真理およびその増大という価値に基づくものとして，科学的理論およびその（認識）進歩の重要性に注目し，これら3つを世界3の最も奥深い中核的部分としている[7]。

　なぜならば，これらのものが，一連のプロセスとして経験と客観的（間主観的）に対応しながら，自律的に認識進歩にかかわることになると捉えられるからである。そして，ポパーは，その自律性の実現のためには，問題や理論だけでなく批判的議論という概念が必須であるとしている。

　これは，理論や制度を主体の単なる発言または表現にすぎないもののように扱い，自己表現を目的だと考えるようなアプローチとはまったく異なる考え方である。つまり，論理実証主義者のような心身2元論にたつ主観的認識論者が科学的知識をあくまで感性や主観（ポパーのいう世界2）の表現形態と捉えているのに対し，ポパーは，批判的議論を通じて新しい問

題が作り出され，さらに新たな理論が作り出されることで，科学的知識は（世界3において）自律的な客観的知識の世界を形作ると主張するのである。

　ポパーは，われわれは理論を作り出すことができる（理論を発見することができる）が，そこにはつねに予期せぬ，あるいは予知しなかったもろもろの結果があり得ることを主張する[8]。つまり，われわれは諸理論から自分がそれまでに諸理論に与えたよりも多くの知識を入手しうるため，理論は批判的議論を通じて，その作り手の意図を離れて自律的に変化していくのである。

　このようなポパーの世界3の自律性についての見解は，彼自身も認めるようにダーウィン主義的な進化論に根ざすものである[9]。もっとも，ポパー自身は，ダーウィン主義的な進化論自体はテスト可能な経験科学かどうか疑問であるとしている。しかし，そのうえで，ポパーは，ダーウィン主義をあたかも形而上学的な公準として用い，生物体のみならず，星や星雲のような物理的存在の発生と進化の分析にも用いることができるとしているのである。もちろん，彼の最大の関心事は世界3にあり，とくにそのなかでも，客観的知識としての科学的理論の進化もしくは認識進歩に着目していた。

　ダーウィン主義的進化論は，多くの系譜があるものの，共通する観点が2つある。第1の共通概念は，地上のきわめて多様な生命形態はごく少数の形態から発生しており，進化的な系譜や進化の歴史があるとする共通起源説である。この視点は，それぞれの生物体に固有の進化の経路があるという主張をするラマルク的進化や，この経路が歴史的に運命づけられているといった歴史法則主義的な進化論ではなく，あくまでも進化における偶然性を主張するものである。そして，第2の共通概念は，進化は，遺伝，変異，自然淘汰，変異性[10]といった諸要素から成り立ち，とくに自然淘汰

が進化の原動力になるというものである。

　ポパーは，そのようなダーウィン主義的進化論を最も広い意味での試行と誤り排除の理論として位置づけて議論を展開しているが，特に注目されるのは，この議論を世界3の問題について展開していることである。つまり，生物体ではない知識，とくに科学的理論についても，問題を踏まえて理論が提示され，それに対して反駁がなされるという，トライアル・アンド・エラーによるプロセスとして，その進化をみることが可能であると主張するのである。

　以上のように，ポパーは，ダーウィン主義の基本的な仮定に基づきながら，世界3における進化，もしくは経験科学における進化を主たる議論としている。しかし，世界3を扱う上で他のダーウィニアンとは多少異なる解釈，主張をしていることも事実である。

　まず，ポパーが人間精神の産物である世界3を考える場合，問題—理論—批判的議論というプロセスが，まったくの偶然ではなく，問題状況を共有する各個人によって，そして彼等の熟慮によってなされるという観点が存在する。この観点をとると，進化の偶然性を前提とする現代のダーウィン主義（ネオ・ダーウィニズム）では否定されている，獲得形質の遺伝，定向進化といった問題に踏み込むことになる。

　これに対するポパーの議論は明解である。進化にとって最も重要な要素が（自然）淘汰，つまり反証（反駁）であり批判的議論であることは当然である。しかし，あくまで批判的議論は，俎上に上がっている問題・理論に関する問題状況を共有している多くの専門家による間主観的な厳しいテストという形で行われる。

　そこでは，論理的には今までの議論が帰納的にとり入れられるということはなく，論理のジャンプがあるため，獲得形質の遺伝という用語はふさわしくはないという見解をポパーは示す。ただし，それでも，批判的議論

が多くの専門家の観点を基礎として連続的に行われているという点から見れば，獲得形質の遺伝のようにみられてしまうかもしれないとポパーは述べている。

また，ポパーは，一定の方向を目指す進化という意味での定向進化が，マルクスらの運命論的，歴史法則主義的議論で行われていることについては，何らの合理性をもたないと否定する。しかし，もし科学の目的（ゲームの目的）がよりテスト可能性の高い理論の獲得であり，その時に認識進歩といえるならば，その点では，テスト可能性の増大という定向性は認められる，とポパーは述べる。

以上のような議論が生じるのも，人間精神の産物でありかつ知識の世界である世界3をポパーが扱っていることに起因する。

4　推測と反駁のプロセス

前節で述べたように，世界3の住人である理論は，その自律性によって，（ダーウィン主義的な）トライアル・アンド・エラーによる進化プロセスをたどることになる。そのような理論進化のプロセスは，「推測と反駁」の概念として示すことが可能である。この概念について述べるためには，ポパーがいかなる領域の問題を扱おうとしているのか，そしてそれをどのように論じようとしているかを明らかすることが不可欠である。

まず，ポパーは，科学的認識の論理分析にあたって問題となるのは，新しいアイディアや理論がなぜ，いかにして生じたかという発見の問題（事実問題）ではなく，生み出された理論そのものの正当性または妥当性の問題（権利問題）だけであるという立場を明確にしている[11]。なぜならば，前者が論理的な分析が不可能なのに対し，後者は論理的な分析が可能だか

らである。

　そのような科学的理論の正当性または妥当性の問題について論じるにあたり，「帰納的方法」を用いて理論の正当性を実証するという帰納主義的な見解に対しては，ポパーは明確に異を唱えている。なぜならば，帰納主義的に有限な単称言明から無限の普遍言明を推論することは，論理的観点から決して正当化できないと考えられるからである。

　つまり，どんなに多くの経験的な観察と対応している単称言明をもってしても，そこから帰納的に普遍言明が真であることを証明することはできないことをポパーは指摘しているのである[12]。このことについて，以下に詳述していきたい。

　帰納的推論が正当化されるか否か，あるいはいかなる条件のもとで正当化されるか，という問題は，帰納の問題とよばれている。帰納的推論を正当化する方法を見出すためには，まず帰納の原理（帰納的推論を論理的に容認できる形にし得る言明）の確立を行わなければならない。

　しかし，この帰納の原理は，カントのようにそれをア・プリオリに妥当する原理とするか，もしくは，経験的な総合言明として扱わざるを得ない。もし，ア・プリオリに妥当する言明ではなく，経験的に妥当する言明とするならば，それは同語反復（トートロジー）あるいは分析言明のような純論理的な真理ではありえないからである。そのため，そのような原理をいかにして正当化し得るかという問題が生じる[13]。

　この場合，帰納の原理それ自体が普遍言明であることから，普遍言明の真理性を経験から示そうとするならば，その帰納原理の導入の問題が繰り返し生じることになる。つまり，帰納原理を正当化するためには帰納的推論を採用しなければならず，その帰納的推論を正当化するためには，より高次の帰納原理を仮定しなければならなくなる・・・ということから，もし帰納の原理を経験的に基礎づけようとすれば，それは無限後退に陥るこ

とになる[14]。

このような帰納主義に対する反論を踏まえ，ポパーは，演繹的にテストすることでしか理論を科学的に分析することはできないと述べる。これは，境界設定の基準として，体系（理論）の実証可能性ではなく反証可能性を採用していることを意味する[15]。つまり，経験的科学の体系にとって，反証され得るということが求められるのである。

反証可能性を境界設定の基準として採用する立場は，帰納主義的に実証可能性を考える立場とはまったく異なるものであり，前述の帰納主義的見解のように無限後退に陥るものではない。なぜならば，実証可能性と反証可能性との間には，普遍言明の論理的構造に基づく非対称性が存在するからである[16]。普遍言明を単称言明から帰納的に導き出すことは決してできないが，単称言明の真なることから普遍言明の偽についての論証は演繹的に行うことが可能なのである。

この論理的演繹については，初期条件と法則的言明である被覆法則から説明すべき対象を演繹するというヘンペル＝オッペンハイム図式[17]を用いて，具体的に示すことができる（**図表2-2**参照）。

図表2-2◆ヘンペル＝オッペンハイム図式

論理的演繹
- 初期条件（initial conditions）　C_1, C_2, C_3 ……………
- 一般法則（general laws）　　　　L_1, L_2, L_3 ……………
- 被説明項（explanandum）　　　　E

出所：Hempel（1965），p.249.

つまり，特定の単称言明（初期条件）とともに，1つあるいはそれ以上の普遍言明（一般法則）を演繹の前提とする。それによって，ある出来事を叙述するための言明を演繹的に導き出すことが可能になる。そして，初

期条件と一般法則を用いて予測された被説明項と現実の観察とを対応させることによって，経験に裏付けられた妥当性についてのテストを行うのである。

　演繹的な導出によって理論を経験的に反駁することは可能であるが，帰納的に理論が真であることを決定的に正当化できないというポパーの主張に基づくと，われわれは，推測された理論が経験的なテストによって反駁された場合には，再び新たな大胆な推測をしなければならないということになる。このような推測と反駁は，「問題→理論→反駁（批判的議論）→…」というプロセスとして，経験と対応した客観的議論のもとで進展することになる。

　そのような批判的テストによる理論進化のプロセスの結果，問題移動が生じることになる。つまり問題移動とは，たんに「事実」によって反駁された理論を単純に取り替えるといったことのみを意味するのではなく，密接に関連し合った理論間の不斉合を批判的議論の中でどのように解決するかを考え，新たな理論的言明を追求していくことであると捉えられるのである。

　なお，本研究においては，そのような認識進歩のモデルを基礎とした理論進化のプロセスで，理論が特定の（核となるような）問題を共有し続けている場合には，それらの一連の理論を1つの理論群もしくはアプローチとして解釈することができるという見解をとっている。このような見解は，各理論をそれぞれ単体で分析対象とするのではなく，ある程度共通した主張を有する一連の研究を「一群の理論」として捉えるものである。そのため，ラカトシュ（Lakatos, I.）が示した「研究プログラム」という概念にも大きくかかわると考えられる[18]。

　また，この進化プロセス――基本的にダーウィン主義に立脚しているが――において最も重要なのが，当初の問題がどのように次の問題へと変化して

いったのかというものである。この場合，問題がより実り多いものになったのか，より瑣末なものに変わったのかが，進化プロセス自体の評価となろう。

　もっとも，ダーウィン主義に立てば，進化プロセスは偶然によって起こるとされるため，はじめから進化プロセスに，「進歩」という議論を持ちだすことはナンセンスとなる。しかし，世界3における進化プロセスは，そのほとんどが，人間の理性的な推測と反駁（世界2と世界3の相互作用，世界1と世界2の相互作用を介してであるが）によって引き起こされる—偶然性よりは熟考による進化—といえる。

　この点から，その評価はつねに誤りうる（可謬性をもつ）ものであり，仮説的・暫定的ではあるものの，問題とその解決との観点からある程度「認識進歩」という議論を持ちこむ余地があると考える。とくに，それぞれの問題の移動において，そこに一貫性や安定性が認められる場合には，その暫定的解決としての理論の認識進歩を考えることも可能であると捉えられる。

　理論進化について評価するにあたり，問題移動の結果として，新理論が先行理論に比べて理論的にも経験的にも説明力の増大したものへと変化した場合に，その理論は進歩をしたといってよい[19]。ここでの「説明力の増大」に関して，問題移動の結果としてわれわれの知識に真の前進がもたらされたかどうか，という点でつねに判断されるべきであるとポパーは述べている。

　つまり，暫定的解決として示された理論についての反証可能性（テスト可能性）が増大した場合に，理論の説明力が増大したとみなし，それをもって認識進歩とよべるとされるのである。これは，理論が有する潜在的反証者の諸集合（クラス）の大きさによって，理論を評価しようという考え方である。

つまり，理論の有する潜在的反証者の諸集合が大きくなればなるほど，反証可能性（テスト可能性）の度合いが増大する。そのことから，それに伴って，理論が伝える経験的情報量またはその経験的内容も増大すると考えるのである[20]。

ポパーによれば，2つの理論的言明の反証可能性の度合いを部分集合関係によって比較することが可能である[21]。このことから，反証可能性（テスト可能性）の関係は，部分集合関係の構造的特性をすべて共有することになると考えられる[22]。

たとえば，**図表2-3**のような部分集合関係を有する理論的言明を考える。ここでは，言明Ⅰは他の全ての理論的言明を包含している。また，言明Ⅲは言明Ⅳと言明Ⅴを，言明Ⅱは理論的言明Ⅳを包含している。

図表2-3◆言明間の部分集合関係

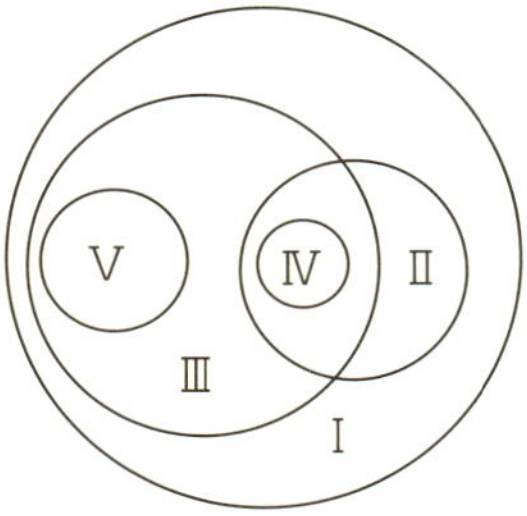

出所：Popper（1959），p.100.

これらの理論的言明は，**図表2-4**に示されたような反証可能性（テスト可能性）関係を有していると考えられる。図表2-4におけるアラビア数字は言明を示しており，図表2-3におけるローマ数字で示された言明にそれぞれ対応している。

図表2-4◆言明間の反証可能性(テスト可能性)関係

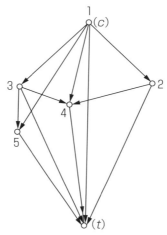

出所：Popper (1959), p.100.

ここで，図表2-4は，言明の反証可能性（テスト可能性）の度合いがどのように変化するかを示している。つまり，それぞれの矢印は，反証可能性の度合いがより高い（より反証可能な）言明から，反証可能性の度合いがより低い（より反証可能でない）言明へと向かうことを示している。

さらに，この反証可能性（テスト可能性）の度合いは，理論の有する「普遍性」あるいは「精確性」によってより具体的に示される[23]。この普遍性あるいは精確性が向上した場合にテスト可能性が増大することから，最終的には普遍性と精確性について評価することで，理論が進歩したか否かを結論づけられるのである。

ポパーによれば，もしpの前件言明関数がそれに対応するqの言明関数によって同語反復的に含意される（あるいは論理的に演繹できる）が，しかし等価でないとすれば，pはqよりも大きな普遍性をもつとされる。また，もしpの後件言明関数がqのそれよりも狭いならば（pの述語がqの述語を伴出（内含）するならば），pはqよりも大きな精確性をもつ，と

される[24]。

❖注

1 以下の世界3の概念およびその存在論的性格にかんするポパーの主張については，Popper（1976），Chapter 38を参照。

2 そのことから，ポパーは科学に関心をもつものは誰でも世界3の住人に関心をもたざるを得ないと考えている。とくに，科学史家あるいは哲学者は，主として世界3の研究者たらざるを得ないとされる。もっとも，ポパーは，それらの研究者が世界3の理論と世界2の思考過程との関係にも関心をもつかもしれないことを想定しているが，それは主として理論との関係において関心をひくものであると述べている。

3 ポパーは物的事物の世界に影響を与えて大きな変化をもたらした世界3の住人として，とくに，マクスウェルやヘルツの理論のようなもろもろの理論の内容を例示している。

4 このように世界3が実在すると考えることについては，2つの反論が考えられるとポパーは述べる（以下，Popper 1976, Chapter 38を参照）。

1つ目は，「物的世界は理論それ自体によって変えられたのではなく，むしろ本やその他のかたちで理論を取り込んだ物的なものによって変えられたのである」という反論である。2つ目は，「物的世界は理論それ自体によってではなく，それらの理論についてのわれわれの理解（著者注：これは人間の心的世界・主観的世界の問題であり，世界2の住人であると位置づけられる）によって変えられたのである」という反論である。ポパーは，1つ目の反論と比較し，この2つ目の反論がより重要であると述べている。

この2つの反論に対するポパーの見解は以下のようになる。まず，1つ目の反論に対しては，変化を生みだしたのは本の物的側面によってではなく，ひとえに本がメッセージ，情報内容，理論それ自体を「蔵して」いるという事実によってである。また，2つ目の反論に対しては，世界1と世界3とが相互作用できるのは，世界1と世界3の媒介者としての世界2を通じてだけであるということをポパーは認めている。

つまり，世界1と世界2，世界2と世界3はそれぞれ相互作用することができるが，世界1と世界3は世界2によっておこなわれる何らかの媒介的相互作用なしに直接的に相互作用できない。したがって，世界1に直接働きかけられるのは世界2だが，世界3は世界2に影響を及ぼしうるので，間接的に世界1に働きかけることができるのである。

5 以下の記述については，厚生労働省 都道府県労働局 労働基準監督署によって2012年11月に刊行された『労働契約法改正のポイント』および厚生労働省の

ホームページを参照。
6　有期労働契約とは，1年契約，6カ月契約など期間の定めのある労働契約のことをいう。パート，アルバイト，派遣社員，契約社員，嘱託など職場での呼称にかかわらず，有期労働契約で働く人であれば，新しいルールの対象となる。
7　Popper (1976), Chapter 40を参照。
8　たとえば，人間は自然数や自然数を順次にどこまでも続けていく方法を発明するかもしれないが，素数の存在および最大素数は存在しないというユークリッドの定理の妥当性といったものは，われわれが「発見」すべきものであるとポパーは述べている（Popper 1976, Chapter 38を参照）。
9　以下のダーウィン主義的な進化論にかんするポパーの主張については，Popper (1976), Chapter 37を参照。
10　遺伝，変異，自然淘汰，変異性は，それぞれ以下のような仮説を意味している（Popper 1976, Chapter 37を参照）。
　「遺伝」とは，子孫は親の生物体をかなり忠実に模写するという仮説である。
　「変異」とは，遺伝においては「微小な」もろもろの変異があるという仮説である。それらの変異のうちで最も重要なのは，「偶然的」で遺伝的な突然変異であるとされる。
　「自然淘汰」とは，変異のみならず遺伝子全成分を排除することによって制御するさまざまなメカニズムがあるという仮説である。それらのうちには，「微小な」突然変異だけが広まるのを許すメカニズムがある。また，「大きな」突然変異（「有望な怪物」）は概して致命的であり，したがって排除される。
　「変異性」とは，ある意味での変異（さまざまな競争者の存在）は明らかに淘汰に先立つが，変異性（変異の範囲）が自然淘汰によって規制されることは十分あり得るという仮説である。その例として，変異の規模や頻度といったものが挙げられている。
11　Popper (1959), pp.31-32を参照。
　ポパーは，論理的な問題を心理的な問題に還元できるとする心理主義について排除している。つまり，彼は，主観的知識を超えた客観的知識について科学的に分析することこそが科学者の仕事だと捉えているのである。
12　Popper (1959), p.27を参照。
13　Popper (1959), p.28を参照。
14　Popper (1959), p.29を参照。
15　Popper (1959), pp.40-42を参照。
16　Popper (1959), p.41を参照。
17　Hempel (1965), p.249を参照。なお，ヘンペル＝オッペンハイム図式の解釈および邦訳については，渡部 (2007), p.77を参照した。
18　研究プログラムの概念については，Lakatos (1978) を参照。

クーン（Kuhn, T. S.）の主張するパラダイムの概念においては，革命によってパラダイム転換が生じるという現象は，パラダイム間の共約不可能性ゆえに科学の発展に連続性がないという相対主義的な性格を有するものである（Kuhn 1996）。これに対し，ラカトシュは，このクーンのパラダイムに相当する概念を「研究プログラム」（research programs）と称している。

ラカトシュは，ハード・コア（硬い核）とプロテクティヴ・ベルト（防御帯）によって構成される重層構造について示すことで，科学の発展の合理性を説いた。ハード・コアが反証不可能であるのに対し，プロテクティヴ・ベルトは反証可能で取り替え可能なものであるとされる。

より具体的には，ラカトシュは重要な科学的業績を記述するための形態的単位を，個々の理論ではなく研究プログラムであると設定している。そして，この研究プログラムにおいてはハード・コアとプロティティヴ・ベルトから成る重層構造が存在し，ハード・コアはそれを取り巻く補助仮説のつくる広大なプロテクティヴ・ベルトによって，反証から保護されると述べる。

つまり，ラカトシュによれば，1つの研究プログラムにおいては，いくつかの仮定，前提などが変化することによって，ハード・コア的概念それ自体は変化せずに，問題の移動，ならびにその問題の解決案としての理論の変化が生じるとされる。

19　これは，ラカトシュによる前進的問題移動（progressive problemshifts）に近い概念であると考えられる（Lakatos 1978, pp.31-47を参照）。
20　Popper（1959），pp.113-115を参照。

理論の有する潜在的反証者の集合は無限集合である。そのため，有限集合に対して適用するような直覚的な観念を同様にそれらに適用することはできない。しかし，ポパーは，無限諸集合に対してさえ，直観的な「より多くの」あるいは「より少しの」という観念により正確な意味を与える3つの方法（集合の基数の概念，次元の概念，部分集合関係）が存在すると考え，それを反証可能性の比較に用いることを主張する。

21　Popper（1959），pp.115-116を参照。
22　Popper（1959），pp.116-117を参照。
23　Popper（1959），pp.121-122を参照。
24　Popper（1959），pp.122-123を参照。

たとえば，ポパーの例に沿って，「p：閉じた軌道を描いて運動するすべての天体は，円運動する（すべての天体の軌道は円である）」「q：すべての惑星の軌道は円である」「r：すべての天体の軌道は楕円である」「s：すべての惑星の軌道は楕円である」という4つの言明を想定する。それらの言明間の演繹可能性関係をみると，pからは他のすべての言明が結果しており，sは他のすべての言明から帰結している。

このような関係を有する言明間で移動が起こった場合の普遍性と精確性について考えると，以下のようになる。もし，pからqに移った場合には，普遍性の度合いが減少することになる。また，pからrに移った場合には，（述語の）精確性の度合いが減少することになる。さらに，pからsに移った場合には普遍性と精確性の両者が減少し，qからsへ移った場合には精確性が，rからsへ移った場合には普遍性が減少することになる。

　ただし，普遍性と精確性に関する定義は，2つ以上の変数をもった言明関数にも拡大できることをポパーは述べている。

第 **3** 章

資源ベース論の再構成の意義

1 「資源ベース論」を巡る状況

　「資源ベース論」という名称はさまざまな文献において広く用いられているが，その名称の意味するところは多くの論者のなかで明確ではない。つまり，「資源ベース論」という領域に含まれる研究の範囲やその意味は，論者によって異なっている状況にある。

　本章においては，「資源ベース論」を分析するための前提として，「資源ベース論とはなにか」という点について記述している先行研究をレビューする。そして，それらの先行研究において「資源ベース論」がいかなるものとして記述されているかを概説し，それぞれの論者が「資源ベース論」という研究領域にいかなる研究が含まれると考えているかについて明らかにする。

　そのうえで，これらの先行研究における主張がいかなる問題点を有しているかについて示したい。先行研究のレビューを踏まえ，それらの先行研究が有する問題点について学説史的な立場からの指摘を行うことで，資源ベース論を再構成することの意義を示すことができるからである。

　さらに，資源ベース論の再構成を行うにあたっては，いかなる立場から分析を行うかについて明らかにすることが必要となる。そのため，本章の最後では，第2章で述べたポパーによる推測と反駁のプロセスという概念を踏まえて，先行研究の問題点を克服するための分析視点について明確化する。

2　先行研究における「資源ベース論」

　企業の資源や能力との関係から企業がいかにして競争優位を獲得するかを論じた研究は数多く生み出されている。それらの理論に対して，「資源ベース論」をはじめとしたさまざまな名称が付されている。

　とくに「資源ベース論」という名称は，競争優位の源泉を企業の内部要因の分析から明らかにしようとする立場に対して一般に用いられている。そして，その代表的な研究として，1980年代前半のワーナーフェルトやバーニーの研究[1]が挙げられることが多い。

　しかし，ワーナーフェルトやバーニーの研究以降に登場した，それらの研究と強い関係性を有すると考えられるような理論に対して，「資源ベース論」という名称をどこまで拡大して適用するかは（「資源ベース論」という名称を用いている）論者によって大きく異なっている。そのため，「資源ベース論」という名称が広く用いられている一方で，その意味するところは学説的に非常に曖昧であるという状況にある。

　ここでは，論者によって「資源ベース論」という用語に対する考え方がかなり異なっているということを示すため，「資源ベース論」について記述している先行研究を渉猟したい。具体的には，フォス（Foss, N. J.）等，グラント（Grant, R. M.），ティース（Teece, D. J.），およびヘルファット（Helfat, C. E.）＝ペテラフ（Peteraf, M. A.）の研究についてとり上げ，そこにおける「資源ベース論」の内容とそこに含まれる研究の範囲について概説していく。

　まず，フォス等は，主目的および分析単位の違いに着目して，資源ベース論のアプローチと進化論のアプローチについて整理している。そして，

戦略論の領域において資源ベース論のアプローチと進化論のアプローチが補完関係にあるものとして位置づけている[2]。

彼等は，資源ベース論のアプローチを，競争優位の源泉や多角化について明らかにすることを主目的として，企業における資源を分析単位とする[3]ものであると説明する。その一方で，進化論のアプローチを，技術的進化と競争を明らかにすることを主目的として，産業におけるルーティンを分析単位とする[4]ものであると説明し，両アプローチの性質についての対比を行っている。

そのような整理に基づき，彼等は資源ベース論のアプローチとしては，Lippman and Rumelt (1982), Wernerfelt (1984), Amit and Schoemaker (1993), Barney (1986, 1991), Dierickx and Cool (1989), Conner (1991), Peteraf (1991), Teece et al. (1992) といった研究を位置づける。その一方で，Alchian (1950), Nelson and Winter (1982), Metcalfe and Gibbons (1989), Nelson (1991) といった研究を進化論のアプローチであると分類している。

主目的と分析単位の違いに着目して整理・分類を行ったフォス等の見解に対し，グラントは，主に戦略や企業についての考え方の差異に着目している。そして，その考え方の違いによって，戦略論の諸研究を「資源ベース論」，「知識ベース論」，そして「ダイナミック・ケイパビリティ論」というカテゴリーを用いて分類している[5]。

グラントによれば，「資源ベース論」とは「戦略の第一義的な基礎および収益性の主要な源泉としての企業の資源と能力の役割にかんする研究」[6]であるとされる。そのため，彼は「資源ベース論」という領域には，Barney (1991), Mahoney and Pandian (1992), Peterlaf (1993), Collis and Montgomery (1995) といった研究だけでなく，Praharad and Hamel (1990) のようなコア・コンピタンス論といわれる研究なども含まれると主張する。

しかし，グラントの見解においては，Kogut and Zander (1992) や

Grant（1996）といった研究は，資源ベース論には含まれない。なぜならば，グラントはそれらの研究を「企業を知的資産の集合と捉え，価値創造のためにそれらの資産を創造し活用する点から企業の役割を考える」[7]研究として，「知識ベース論（knowledge-based view）」という異なる領域として扱っているからである。

　グラントによれば，この知識ベース論は「企業における知識プロセスについての一連の考えを基礎として，知識を創造し応用するための機関として企業を捉える」[8]ものである。そして，知識ベース論に分類される研究群において最も重要なのは，「知識の創造（ナレッジ・クリエーション）および知識の応用（ナレッジ・アプリケーション）のためには異なる組織アレンジメントが必要とされることを主張している」[9]という点であるとされている。

　さらに，グラントはTeece et al.（1997）やZollo and Winter（2002）といった研究についても，資源ベース論とは異なるものとして扱っている。彼によれば，それらの研究は「絶え間なく組織ケイパビリティを改良し，拡大し，再構成する能力」[10]について研究したものであることから，（前述の知識ベース論の諸研究と同様に）戦略や企業についての考え方が資源ベース論とは異なっているため，資源ベース論とは異なるカテゴリーであると捉えたものと考えられる。

　「ダイナミック・ケイパビリティ」という概念の提唱者として代表的なティースも，自身の見解として，ダイナミック・ケイパビリティという概念に焦点を当てている諸研究をダイナミック・ケイパビリティ論として資源ベース論とは区別して位置づけている[11]。この点に関しては，前述のグラントの見解と同様である。

　まず，ティースは，「企業は特異で交換困難な資産やコンピテンシー（「資源」）のポートフォリオから成る。そのなかで，企業は希少で価値あ

る模倣困難な資産，とくにノウハウを所有した時点で競争優位が生じる」[12]と主張する研究が資源ベース論であると定義する。その上で，自身の初期の研究[13]については資源ベース論として扱っている[14]。

しかし，ティースはそのように自身の初期の研究を資源ベース論であると位置づける一方で，ダイナミック・ケイパビリティという概念について述べている1990年以降の研究[15]に関しては，「企業レベルの長期的な競争優位の源泉を説明し，完全競争市場におけるゼロ利潤の状況を避けるための指針を提供する」[16]研究としてのダイナミック・ケイパビリティ論として，資源ベース論とは区別している。

ティースによれば，（ダイナミック・ケイパビリティ論がダイナミックな性質を有するのに対して）「資源ベース・アプローチは本来，静的な性質を有するものであるが，それにもかかわらず，ダイナミック・ケイパビリティと関連している」[17]とされる。つまり，ティースは，資源ベース論は「新しいケイパビリティの発展のための戦略についての考察をも伴う」[18]ものであると考えており，そのような資源ベース論のパースペクティブを基礎としてダイナミック・ケイパビリティ論が生じたことを述べているのである。

これらに対し，ヘルファット＝ペテラフは，フォス等，グラント，ティースといった上述の論者たちよりも「資源ベース論」という用語の意味する概念を幅広く捉えて用いている。彼等は，資源ベース論とは「近接した競合者たちは重要で持続性のある方法によって資源とケイパビリティの差異を有するという前提を基礎として，競争的不均衡についての説明を提供する」[19]研究であると位置づけている。そして，このような資源ベース論をよりダイナミックな観点から理解する自らの研究に対して，とくに「ダイナミック資源ベース論」という用語を用いながらも，それを資源ベース論の中に含めている。

彼等は，ケイパビリティの進化の説明を行い，ケイパビリティ・ライフサイクルという概念を示している。このケイパビリティ・ライフサイクルの概念に基づき，その各段階を説明することで，よりダイナミックな視点が資源ベース論にとり入れられるとするのである[20]。つまり，ヘルファット＝ペテラフは，彼等自身の研究のような「ダイナミック資源ベース論」は「ダイナミック・ケイパビリティおよびその他のケイパビリティを統合的に説明するためのフレームワークを提供する」[21]ものであるということを主張しているのである。

　彼等はダイナミック資源ベース論という用語を用いるにあたり，資源ベース論はWernerfelt（1984）やRumelt（1984）といった研究だけでなくTeece *et al.*（1997）などを含むものであるとしている。さらに彼等は，資源ベース論はルーティン・ベース論と知識ベース論を含むものであると位置づけている[22]。このことから，彼等の見解においては，かなり広範な領域の研究が資源ベース論として分類される。

　彼等によれば，ルーティン・ベース論にはNelson and Winter（1982）などが含まれ，知識ベース論にはKogut and Zander（1992），Winter（1987），Grant（1996）といった研究が含まれるとされる。したがって，ヘルファット＝ペテラフの概念においては，前述のグラントやティースがダイナミック・ケイパビリティ論として資源ベース論と区別していたTeece *et al.*（1997）などの研究も資源ベース論に含まれるほか，フォス等が進化論のアプローチとして資源ベース論と異なる分類を行っていたNelson and Winter（1982）などの研究もルーティン・ベース論として資源ベース論に含まれることになる。

3　先行研究の問題点

　前節で示したようなフォス等，グラント，ティース，ヘルファット＝ペテラフといった研究者による先行研究は，たしかに「資源ベース論は何か」ということについて扱っている。つまり，それらの先行研究においては，資源ベース論という用語の指し示す概念が説明され，さらに，そのような資源ベース論というカテゴリーにいかなる研究が含められるのかということについて言及がなされているといえる。

　しかし，それらの資源ベース論について扱っている先行研究は，あくまで目的や分析単位，分析方法といった（先行研究の各論者が重要だとみなすところの）それぞれの観点から諸研究を網羅的に整理し分類しようとすることを意図したものである点に留意すべきである。つまり，先行研究においては，諸理論にかんしていかなる議論が積み重ねられてきたかといった内容についての考察が行われているというよりもむしろ，それぞれの論者がさまざまな観点から整理を行った結果として「資源ベース論」というカテゴリーについての定義づけがなされ，そこに分類される研究が示されているに過ぎないといえるのである。

　ここに先行研究の分析における問題（不十分性）を指摘することができる。なぜならば，先行研究が行っているような整理や分類には首尾一貫した枠組みが存在しておらず，首尾一貫した枠組みを欠いたもとで行われるそのような分析には恣意性が介入しやすいという問題が存在していると考えられるからである。

　そのため，先行研究においては，各理論群の間の関係性といったような実質的な内容についての議論は十分に行われることはなく，結局は資源

ベース論というものについての主観的な定義づけに終始している状況にある。まさにこのことは，それらの先行研究が，ポパーが本質主義として批判したような無限後退を招く些細な議論に陥っていることを意味しているともいえる。

したがって，先に挙げた先行研究でなされてきたような恣意的な整理や分類を行うだけでは，資源ベース論について学説的に十分な分析を行っているとはいいがたい。そのような恣意的な整理や分析というものを超えて，首尾一貫した枠組みのなかで資源ベース論に対してより科学的で論理的な分析を行うことが，資源ベース論の性格を明らかにして学説的に深い考察を行うために不可欠であると考えられるのである。

4　再構成のための分析視点

本論文は，資源ベース論の分析において問題主義ともいえる立場をとることで，先行研究が有している上述したような弊害を避けることを目的としている。つまり，諸理論における問題状況とその移動について明らかにし，それぞれの理論群が問題を共有しているか否かを検討することで，資源ベース論に関する諸理論の関係性を明らかにするのである。

そのうえで，資源ベース論の理論進化のプロセスに位置すると考えられる諸理論を比較する。そして，それぞれの理論の説明力の大きさをもって，資源ベース論というアプローチにおける理論進歩の度合について評価することを目指すのである。

前述のように，理論群を理解し評価するためには，一連の理論がどのように生成し，進化したかを論理的に示すことができるメタ科学的枠組みが必要である。そのメタ科学的枠組みとして，本研究では，批判的合理主義

において主張されている認識進歩のモデルを用いて，それをもとに問題状況ならびにその移動に着目して再構成を行う。

　この認識進歩のモデルは，第2章において述べたポパーによって示された「推測と反駁」の概念[23]を前提としている。つまり，帰納主義や本質主義といった立場とは明確に異なり，あらゆる法則，あらゆる理論は，つねに暫定的なもの，仮説であると捉えることになる。そして，提示された理論を反証する新しい試みがなされたにもかかわらず，もし理論が反証に耐えている場合には，その理論をあくまで暫定的に受容すると考えるのである。

　このような考え方を基礎とすると，問題解決のプロセスに基づいた認識進歩のモデルは，**図表3-1**に示したようになる。つまり，まず解決すべき問題（P_1）が設定されてそれに対する暫定的解決（TT_1）が示されると，この暫定的解決（TT_1）に対して誤り排除（EE_1）がなされる。そして，その誤り排除を受けてより新しい問題（P_2）が設定されると，それに対する新たな暫定的解決（TT_2）が示される，というプロセスが続いていくことになる。

　このようなプロセスは，**図表3-2**で示されるような，トライアル・アンド・エラーによる理論進化の過程を意味するものである。つまり，本研究では，問題に対してそれを解決するための理論が提示され，それに対する反証が行われると，それを受けて新たな問題の提示がなされ，さらにその問題を解決するための新たな理論が提示されるという理論進化の過程を考えるのである。

図表 3-1 ◆認識進歩のモデル

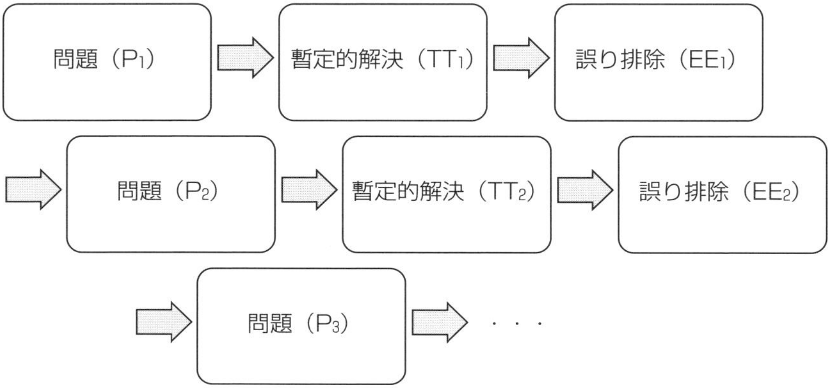

問題 (P$_1$) ⇒ 暫定的解決 (TT$_1$) ⇒ 誤り排除 (EE$_1$)

⇒ 問題 (P$_2$) ⇒ 暫定的解決 (TT$_2$) ⇒ 誤り排除 (EE$_2$)

⇒ 問題 (P$_3$) ⇒ ・・・

出所：ポパーによる「推測と反駁」の概念をもとに著者作成。

図表 3-2 ◆理論進化の過程

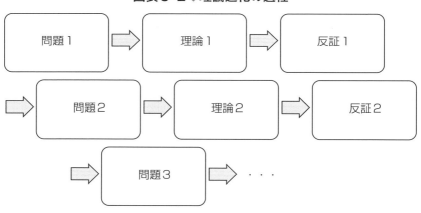

問題 1 ⇒ 理論 1 ⇒ 反証 1

⇒ 問題 2 ⇒ 理論 2 ⇒ 反証 2

⇒ 問題 3 ⇒ ・・・

出所：ポパーによる「推測と反駁」の概念をもとに著者作成。

　したがって，このような枠組みを用いている本研究は，単に時系列的に理論の変化に着目しているのではなく，あくまで問題移動の視点からの認識論的レベルでの進化という問題をとり扱うことを目的としているといえる。

なお，先行研究においては，前述のように多くの論者が1980年代のワーナーフェルトやバーニーらの研究を「資源ベース論」の起点としているが，本研究においても基本的にはそれらを起点として分析をはじめたい。その理由としては，彼等の視点があくまで既存の戦略論であるポジショニング・アプローチへの批判として提示された点に注意を払いたいためである。そのうえで，ワーナーフェルトやバーニーらの研究を源流として，その後の研究がいかなる議論のなかでどのように生じていったのかを考えながら，一連の理論進化として分析を行っていく。

　このような理論進化の過程においていかに議論が積み重ねられてきたかを分析することによって，それぞれの理論の特徴や論点といったものが明確化されることになる。したがって，そのような分析を行うことで，はじめて，資源ベース論というアプローチについての学説的位置づけを明らかにすることが可能になると考えられる。

　また，現在に至るまでの理論進化の過程において，一見異なる対象あるいは異なる概念について扱っているように見える理論が存在していたとしても，それらを即，異なるアプローチであると位置づけることは性急であろう。なぜならば，もしそれらが特定の（核となるような）問題状況を共有し続けている理論であることが判明したとすれば，それらの理論を一群の「資源ベース論」というアプローチとして解釈することができるからである。

❖注
1　Wernerfelt（1984）やBarney（1986）などを指す。
2　Foss *et al.*（1995）を参照。
3　Foss *et al.*（1995），p.10を参照。
4　Foss *et al.*（1995），p.10を参照。
5　Grant（2002）を参照。

6 Grant（2002），p.133.
7 Grant（2002），p.176.
8 Grant（2002），p.183.
9 Grant（2002），p.183.
10 Grant（2002），p.168.
11 Teece（2007）を参照。
12 Teece（2007），p.1319.
13 Teece（1980）およびTeece（1982）を指す。
14 Teece（2007），p.1319 およびTeece（2009），p.60を参照。
15 Teece *et al*.（1990, 1997）やTeece（2007）を指す。
16 Teece（2007），p.1319.
17 Teece（2007），p.1344.
18 Teece *et al*.（1990），p.9.
19 Helfat and Peteraf（2003），p.997.
20 Helfat and Peteraf（2003），p.998を参照。
21 Helfat and Peteraf（2003），p.997.
22 Helfat and Peteraf（2003），p.998を参照。
23 「推測と反駁」の概念の詳細については，第2章第4節を参照されたい。

第4章
資源ベース論における硬直化

1　資源ベース論と硬直化

　本研究の最も大きな特徴として，資源ベース論の理論進化のプロセスにおいては「硬直化」が現行の理論的主張に対する反証となると捉えているという点が挙げられる。つまり，理論進化のプロセスを牽引するものが「硬直化」という批判的議論であると考えるのである。

　第2章で示したように，世界3における進化プロセスは，そのほとんどが，人間の理性的な推測と反駁によって引き起こされるものであり，偶然性よりは熟考による進化といえる。そのため，理論進化のプロセスにおいて，その評価はつねに誤りうる。その「誤り排除」となるものが資源ベース論における「硬直化」の指摘なのである。

　本章では，資源ベース論の理論進化において問題移動の契機となり，理論的な変化をもたらすものとしての「硬直化」という批判的議論に焦点をあてる。そして，関連する諸研究を踏まえながら，本研究における「硬直化」という概念について詳述していく。

　硬直化は，非合理性の源泉としてネガティブな観点からのみ捉えられることが多い。しかし，硬直化の概念を拡張し，経路依存性の逆機能による意図せざる結果という問題を示す概念として規定することによって，資源ベース論の理論進化のダイナミズムをより明確化することが可能になるのである。

2　制度の有する経路依存性・慣性

　硬直化とは，たとえば組織論の領域においては，企業において何らかの理由で個人レベルあるいは組織レベルの努力が行われなくなったことを指す概念であり，非合理性の源泉として，企業の衰退を招くものとしてのみ捉えられがちである。しかし，硬直化を導く経路依存性（path dependency）自体はそもそも決して非合理的なものではなく，すべての制度が有しているものである。そのため，経路依存性の逆機能である硬直化もまた，すべての制度に存在しているのである。

　経路依存性とは，そもそも経済学の分野において名づけられたものであり，「過去の意思決定や出来事が現在に影響を与え，そして，未来を形成する」[1]ということを意味する概念である。とくに進化経済学や比較制度分析といった分野の諸研究においては，特定の国の仕組や制度の発展が，単一の状態に収束することなく，むしろ歴史的な偶然的出来事と過去の政策的介入によって決定される事態を指すための用語として用いられることが多い[2]。

　そのような経路依存性の概念が，経済主体の行動との関係において論じられるにあたり，それらの経済主体が自らの直面している不確実性に対する解決策として意図的に経路依存的な行動をとるということが述べられるようになった。つまり，経済主体は自分が身を置く環境や将来的な状況に関して，不完全に理解しているに過ぎない。そのため，各経済主体はルールに則ることが多くなり，経路依存的に制度が構築されると主張されるようになったのである。

　具体的には，ラングロア（Langlois, R. N）＝ロバートソン（Robertson, P.

L.) などにより，個人あるいは組織は行動を行う際に生じる不確実性を軽減するために，ルールとしてのルーティンを形成して経路依存的な行動をとるようになるとの主張がなされた。彼等によれば，そのような「ルーティン行動は，非ルーティン行動と比較して，モニターや測定が必然的に容易になる」[3]からである[4]。

つまり，経路依存性の概念は，現在の行為は過去にどのような経路をたどってきたかに影響されていることを意味するものである。そのため，各経済主体が構築するすべての制度は，特定の方向へ向けた制約を受けることになる。

たとえば，企業においては，最初の戦略を含め創業時の条件が物事の進め方に関してのコンセンサスを生み，時間が経過すると探求や再方向づけは起こりにくくなるため[5]，組織のルーティンは確固としたものになっていく。このことから，企業戦略は，現時点でのポジションと将来利用可能な固有の機会の双方から強い制約をうけることになる。

上述のような経済主体の行動が特定の方向に向けて制約を受けるということについては，「慣性（inertia）」という概念が用いられることが多い。慣性は，組織を構成する個人レベルやセクションレベル，あるいは組織レベルといった，さまざまなレベルにおいて生じるものであると考えられている。

たとえば，ハンナン（Hannan, M. T.）＝フリーマン（Freeman, J.）は，組織の構造が慣性力に支配されることを，構造的慣性（structural inertia）という概念を用いて説明している。彼等は，組織が高い構造的慣性をもつことは「組織が環境における脅威と機会の出現に対し相対的に遅くしか適応できない」[6]ということを意味していると述べる。そして，そのような構造的慣性の存在によって組織の環境適応能力に限界がもたらされると主張している[7]。

3 経路依存性の逆機能としての硬直化

　前節で述べたように，経路依存的な制度構築は経済主体が行動する際に生じる不確実性を軽減することを意図したものであるが，そこには「意図せざる結果」として逆機能が生じる可能性がある。それが，本研究が着目している「硬直化」という現象である。

　企業あるいはその構成要素の意思決定において慣性が生じて一定の方向に固定されていくと，経路依存性の逆機能による「意図せざる結果」が不可避的に生じることになる。つまり，経路依存性を基礎として強い慣性が働くと，古いプロセスにおいて良好な業績をあげている組織はそのプロセスに関する体験を積み重ねることになり，それよりも優れたプログラムが存在していたとしてもそれを不適切とみなしてしまうというという問題が起こりうるのである。

　このような現象を，レビット（Levitt, B.）＝マーチ（March, J.）は「コンピテンシーの罠（competency trap）」とよんでおり[8]，レビンシャル（Levintial, D.）＝マーチはこのコンピテンシーの罠は学習に潜在する自己破壊的な産物であると述べている[9]。なお，コンピテンシーの罠と称されるような現象は，組織レベルだけではなく個人レベルやグループレベルにおいても生じうることが，アージリス（Argyris, C.）によって指摘されている[10]。

　また，企業における具体的な現象については，フォスター（Foster, R. N.），クリステンセン（Christensen, C. M.），レイナー（Raynor, M. E.）といった論者によって指摘されている。

　たとえば，フォスターは，技術の不連続変化における技術戦略という局

面に焦点化し，実績ある企業が新規参入企業などに敗北する可能性について述べている。つまり，古い技術のS曲線と断絶する新しいS曲線が出現し1つの技術が他の技術にとって代わる時期になったときに，実績ある企業が新しいS曲線に適時に乗り換えられないという傾向が指摘されているのである[11]。

また，クリステンセンによって示された「イノベーターのジレンマ」の概念[12]は，企業が，たとえライバル企業の技術動向を認識し顧客の意見を重視して，技術開発に積極的な投資を行っていたとしても，持続的技術と破壊的技術の衝突により優位性を喪失してしまう現象について述べたものである。

クリステンセンは，「イノベーターのジレンマ」という概念の前提として，持続的技術と破壊的技術という2つの技術開発の方向性を示し，破壊的技術の重要性を主張した。つまり，「確立された性能向上の軌跡を持続すること，つまり，性能を高めて軌跡グラフの右上の利益率の高い領域に達することを目的としてきた」[13]技術である持続的技術しか開発しえない企業に対し，「主流からはかけ離れた，重要性の低い新市場でしか評価されない特徴を備えた別のパッケージ」[14]である破壊的技術を開発した企業が優位性を獲得する可能性を指摘したのである。

顧客と緊密な関係を保つことは，持続的イノベーションに取り組むためには重要だが，破壊的イノベーションに取り組む際には誤ったデータの源になりかねない。また，企業が破壊的技術を現在の主流顧客のニーズにむりやり合わせようとすると，市場と技術の組み合わせに問題が生じて失敗してしまうことになる。そのため，大手の優良企業は，持続的技術の開発には優れているが，破壊的技術の開発には障害が大きいとクリステンセンは述べる[15]。

クリステンセンによれば，優位性を喪失した大手企業の多くは，技術開

発において顧客のニーズを無視したりライバル企業の技術動向を無視したりしている訳では決してない。むしろ，新規企業の開発している技術動向を観察し，利益率や既存の主流顧客のニーズに照らし合わせて分析を行った結果，破壊的技術ではなく持続的技術に投資して自らの強みをさらに強化して利益率を向上させることを決定している。それにもかかわらず，そのような技術開発のための努力がかえって企業の優位性を阻害しているのである。つまり，このクリステンセンの「イノベーターのジレンマ」は，まさに技術レベルでの経路依存的な行動についてのジレンマを扱ったものと考えられる[16]。

さらに，レイナーによって示された「戦略のパラドックス」の概念[17]は，上述のクリステンセンによる「イノベーターのジレンマ」の概念を踏まえながら，企業の戦略レベルでの経路依存的なジレンマについて述べたものである。レイナーは不確実性に基づく予測不可能性のもとで，現在の時点での外的環境および内的環境を分析し，「最も成功する戦略」を策定したはずの企業が優位性を喪失する現象を指摘する。

そして，企業がたとえ細心の注意を払って戦略を策定したとしても，環境変化と組織変革のペースが一致しない場合には失敗が生じることを述べる。彼は，企業のこの戦略レベルでの失敗により，結果的にはイノベーターのジレンマのような技術レベルでの現象が生じることになると主張するのである。

レイナーは，環境変化のペースによって「戦略のパラドックス」を大きく2つに類型化している。1つは「急速な環境変化のメカニズムがどんな企業も対応できないような変化をもたらす場合」[18]であり，もう1つは「緩慢な環境変化のメカニズムにおいて，企業が短期的にうまく適応できるせいで，最終的に存続するために必要な大変革を起こせなくなる場合」[19]である。

レイナーによれば，クリステンセンによる「イノベーターのジレンマ」という現象においても，環境変化のペースに応じて，2つの状況が内包されている。それは，上述の彼の想定する2つの状況に技術レベルでそれぞれ対応する1メカニズムとして解釈され，これをレイナーはそれぞれ「新市場型破壊」[20]と「ローエンド型破壊」[21]と称している。

このようなフォスター，クリステンセンおよびレイナーによる指摘は，特定の戦略にコミットすることによって不確実性を軽減し，優位性獲得の見込みを高めようとする企業の行動や特性が，優位性獲得の見込みを高めると同時に優位性喪失の見込みをも高めることになるという矛盾（ジレンマあるいはパラドックス）を意味している。このような矛盾は，たとえ予測の誤りが判明しても企業は状況に合わせてコミットメントをその都度修正することが非常に困難であること，そして，そもそも企業による将来の予測自体が誤り得るということに起因するものである。

実際，前述のレイナーも，戦略のパラドックスとは，コミットメントと不確実性の不一致によって生じる現象であると指摘している[22]。レイナーによれば，最も有効な戦略とは，将来の状況に最も即したコミットメントに基づく戦略であるが，そのコミットメントは現在行わなければならないものである。しかし，将来は不確実であり，将来の状況を予測することは困難である。

そのような状況下で予測を誤り，間違った組織の能力にコミットしていたことが判明したとしても，企業はその状況に適応することはできない。レイナーは，「結局，変更が可能なコミットメントは大したコミットメントではない」[23]として，この戦略のパラドックスは，どのような戦略にコミットするべきかをめぐって根深い不確実性があるにもかかわらず，企業が何らかの戦略にコミットする必要があるために生じるものであると主張している。

本研究においては，このような経路依存性の逆機能として企業の合理的な意思決定が妨げられる現象を，硬直化として扱う。硬直化の概念をそのように拡張することにより，資源ベース論の進化をより明確化することが可能になると考えられるからである。

4　資源ベース論における硬直化の位置づけ

　資源ベース論のそれぞれのフェーズにおける理論（暫定的解決）は，企業が内部に保有する特定の経営資源に固執して強化することを主張するものである。そのため，その理論的主張が示唆する企業努力は，経路依存的に制度を構築し，それを強化していくという側面が非常に強調されることになる。

　このような性質は，資源ベース論の代表的論者とされるバーニーが，企業における資源の獲得および探索のための能力はその企業の歴史に依存していると述べている[24]ことからもうかがえる。また，市場において取引不可能な資産の模倣困難性に着目した（資源ベース論の論者である）ディーリックス（Dierickx, I.）＝クール（Cool, K.）も，経路依存性のある資産は流動性が低く模倣困難性や代替困難性が高いことから持続的な競争優位構築のために重要であるという主張を行っており[25]，経路依存的な企業努力を示唆している。

　つまり，本来近視眼的で先見性を持たない個人や企業は，「企業内部の強みを強化する」といっても，客観的には何が企業独自の強みなのか，どれが将来的に産業レベルでの強みとなるのかを知りえない。そのために，現在，自らがかかわっている資源，ノウハウ，戦略といったものに固執しがちになる。もちろん，資源ベース論では，この現在強みと思われるもの

に固執する「固執の原理」を推奨するわけであるが，このような主張は，経路依存性の逆機能としての硬直化の問題を常に内包することになるのである。

以下，このような資源ベース論の理論的主張と現実の企業の制度や行動といったものがいかにかかわるかについて，硬直化という概念を中心に考察を行いたい。

まず，企業において経路依存的に構築されたルールやルーティンという制度について，どのように捉えるかが問題となる。たとえば，制度経済学において青木は制度補完性という問題を考え，経路依存的に構築された制度自体はあまり人為的に変えられないものであると捉えている[26]。このような見解に対し，ポパーは，第2章で述べたような認識論的視点に立ち，制度は変化し得ると述べる。

なぜならば，ポパーによる世界3論においては，制度の多くは人間精神の産物である世界3の住人とみることができ，それらは自律的な進化プロセスをたどるものと捉えられるからである。つまり，ポパーによれば，制度はいったん構築されれば，その作り手から大幅に独立することになり，作り手の意図を離れて自律的に変化していくと考えられる[27]。そして，試行と誤り排除（トライアル・アンド・エラー）を繰り返しながら，進化していくのである。

このような企業における制度変化と資源ベース論の理論進化とのかかわりは，第2章において述べたポパーによる世界3論にもとづいて説明することが可能である。世界3論をもとに資源ベース論の理論進化と現実の企業における制度，企業行動といったものとの関係について図示すると，図表4-1のようになる。

前述のように，世界3の住人である理論や制度は，その作り手の意図を離れて変化するという自律性を有している。しかし，それらの理論や制度

図表 4-1 ◆資源ベース論と企業における制度との関係

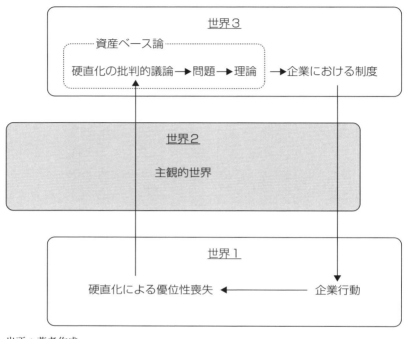

出所：著者作成。

は物的世界である世界1とかかわっていることに留意すべきである。つまり，主観的世界である世界2を通してではあるが，両者は相互に影響を与え合っているのである。

とくに，企業における制度の変化は，現実の企業行動とそこから生じる結果（硬直化による優位性喪失）という世界1レベルの事象と密接にかかわっているといえる。企業における制度（世界3）は現実の企業行動（世界1）を規定するものである一方，現実の企業行動を受けて再び制度が変化することも考えられるからである。

つまり，図表4-1において，企業における（経路依存性を有する）制

度が（世界2を通して）実際の企業の戦略行動（世界1）に影響を与える。そして，その企業行動を受けて，意図せざる結果としての優位性喪失という硬直化の現象が経験レベル（世界1）で生じたとき，それが（世界2における解釈を通じて）世界3における制度を変化させ得ることになるのである。

　資源ベース論は，そのような実務家による制度変化の背景にある批判的議論やそこから生じた問題，および，それを踏まえて新たに示された理論的主張というものを明確化している研究であると位置づけることができるであろう。つまり，硬直化による企業の優位性喪失という現象について，実務家がいかに解釈し，制度についていかなる主張の変化がなされたのかということに関して，資源ベース論は理論化を行っていると考えられるのである。

　もっとも，資源ベース論と企業との関係については，一方的に資源ベース論における理論が実務家の行動によるサポートをもとに形成されているだけではない。それと同時に，実務家もまた，資源ベース論の理論的主張が示した戦略的インプリケーションによって影響を受けながら行動している可能性が大きいと考えられる。

　このように資源ベース論と企業との関係を捉える考え方については，現実の企業制度の観察からも，その妥当性がうかがえよう。たとえば，花王株式会社のような企業においては，資源ベース論の理論進化のプロセスにおける理論的主張の変遷と非常に近似した制度変化を観察することができるのである[28]。

　このようにポパーによる世界3論を基礎として考えると，本書で述べる「硬直化」という概念は，世界1と世界3という2つのレベル（2つの世界）においてそれぞれ認識できるものといえよう。この「世界1レベルの硬直化」と「世界3レベルの硬直化」との関係ついては，以下のように

なっている。

　まず，企業行動の結果として現実の企業において生じた「意図せざる結果」としての優位性喪失という経験レベルの現象が，「世界1レベルの硬直化」である。これに対して，そのような「世界1レベルの硬直化」を踏まえて，世界3において，従来の資源ベースの理論では想定されていなかった（説明されていなかった）ような状況の存在について批判的議論がなされることになる。この理論レベルで認識される硬直化が「世界3レベルの硬直化」である。

　この「世界3レベルの硬直化」という批判的議論が行われることによってはじめて，現行の理論に対する反証がなされる可能性が生じる。そして，反証がなされれば，新たな問題を設定することが必要となり，問題状況がシフトすることになる。そのようにして，資源ベース論が理論進化していくことになるのである。

　このことから，資源ベース論の理論進化を分析するにあたっては，硬直化を巡る諸状況を分析することが必要不可欠であるといえる。つまり，資源ベース論の理論的主張が示唆するような「独自の強みの強化」のための企業努力の方向性を追求することによって生じた，現実の企業における意図せざる結果をうけて，理論レベルでいかに批判的議論が行われ，そこからいかなる問題が新たに提起されたかということを分析することが求められるのである。

　さらにいえば，この硬直化という批判的議論は，「強みを追求することが弱みになることはあるのか」あるいは「そのジレンマは解決可能な課題なのか」といった問題にかかわっているといえる。そのため，資源ベース論の理論進化における問題移動は，まさにこの硬直化という資源ベース論に内在する論理的なジレンマに対する理論レベルからの見直しのプロセスであったと考えられる。

第4章 資源ベース論における硬直化　*61*

　したがって，第3章第4節において述べたような認識進歩のモデルによる理論進化のプロセスにおいて，硬直化は，**図表4-2**のように位置づけられる。つまり，硬直化は，問題解決のために示されたそれぞれの理論（暫定的解決）に対する反証（誤り排除）と捉えることが可能なのである。このことから，硬直化は「意図せざる結果」であるとともに，問題移動の契機となり，資源ベース論の理論進化をうながすための重要な推進力となっていると考えられる。

図表4-2◆資源ベース論の理論進化における硬直化の位置づけ

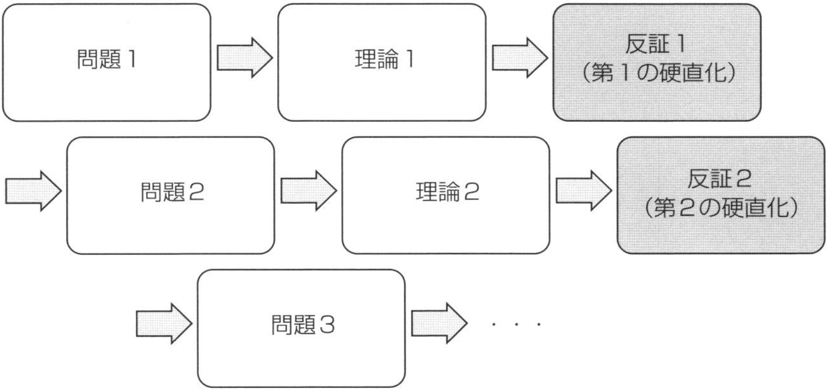

```
問題1 ⇒ 理論1 ⇒ 反証1
              （第1の硬直化）

⇒ 問題2 ⇒ 理論2 ⇒ 反証2
                （第2の硬直化）

   ⇒ 問題3 ⇒ ・・・
```

出所：著者作成。

　本研究では，ダイナミック・ケイパビリティ論へといたる資源ベース論の理論進化のプロセスにおいて，とくに2つの種類の硬直化がフェーズ・シフトのために重要な役割を果たしていると考えている。そして，これらをそれぞれ「第1の硬直化」および「第2の硬直化」とよんでいる。より具体的に示せば，「第1の硬直化」は「個別資源強化の逆機能」を意味しており，「第2の硬直化」は「コア・ケイパビリティ強化の逆機能」を意味している。

ここでは,「第1の硬直化」と「第2の硬直化」のそれぞれの概念について概説したうえで, 前節までの内容を踏まえながらその相違点について説明を行う。なお,「第1の硬直化」の詳細については第5章第3節において,「第2の硬直化」の詳細については第5章第5節において記述しているため, 参照されたい。

まず,「第1の硬直化」(個別資源強化の逆機能)とは, コア・コンピタンス論の代表的論者であるプラハラッド (Prahalad, C. K.) とハメル (Hamel, G.) の研究[29]においてとり上げられているような現象である。これは企業の構成要素である個人あるいはセクションごとの経路依存的な行動によって引き起こされるものであると考えられる。

つまり,「第1の硬直化」とは, 組織の部分を構成する(組織の構成要素である)各個人や各セクションが効率的に個別資源を強化していくためのルーティンやルールを経路依存的に形成していった結果, そこに経路依存性の逆機能が生じたものである。そのような経路依存的な行動は, 個々の効率的な活動を可能にさせるという当初の目的に寄与する。しかし, その一方で, 企業内部の補完性(内部補完性)を阻害するという意図せざる結果をもたらし, 企業全体として生じる非効率性によって優位性が失われることになる。

これに対し, 本研究で「第2の硬直化」(コア・ケイパビリティ強化の逆機能)とよぶ批判的議論は,「第1の硬直化」とは異なるレベルで生じる経路依存性の逆機能について論じたものである。つまり, 企業を構成する各要素間の補完性を高め, 企業全体に一貫性がもたらされたとしても, 企業全体としての行動自体に経路依存性が生じることが第2の硬直化の原因となるのである。第5章第5節においては, 第2の硬直化について, レオナルド・バートン (Leonard-Barton, D) による「コア・リジディティ (core rigidity)」についての研究[30]を中心に分析を行っている。

企業全体でコア・ケイパビリティを強化していくという企業努力は，企業内に経路依存的で相互依存的なシステムを構築していくことを意味する。それらのシステムを基礎とした企業全体の行動がルーティン・ワーク化している状態は，もし当該システム構築時の環境が変化しなければ，大変効率的であるといえる。

しかし，環境が既存の状態から変化した場合には，そのような企業全体の慣性的行動は，新たな環境に適応するための柔軟性を低下させるものとなる。その結果，企業内部の補完性は維持できているにもかかわらず，外部環境との補完性（外部補完性）が阻害されるという非効率性がもたらされ，企業は優位性を喪失することになるのである[31]。

したがって，第1の硬直化も第2の硬直化も，ともに近視眼的な行動主体が不確実性を軽減して効率的な行動を行おうと試みた結果として形成された経路依存的なルーティンが，逆機能的に企業に非効率性をもたらした現象として捉えることが可能である。しかし，両者にはそれぞれ，経路依存性が企業におけるいかなるレベルで生じるかという点に由来する差異がある。

つまり，第1の硬直化は，企業の構成要素であるそれぞれの個人やセクションのレベルにおける経路依存性に起因して内部補完性を阻害するものである。これに対して，第2の硬直化は，企業全体のレベルにおける経路依存性に起因して外部補完性を阻害するものであると位置づけられるのである。

❖注
1　Leonard-Barton（1995），p.35.
2　金森・荒・森口（1998），p.302を参照。
3　Langlois and Robertson（1995），p.29.
4　ラングロア＝ロバートソンは，そのようなルーティン行動について「変化の

ない環境において，モラル・ハザードが生じるための『柔軟性（plasticity）』すら存在しない」（Langlois and Robertson 1995, p.29）と述べている。なお，ここでの「柔軟性」の概念は，Alchian and Woodward（1988）によっている。

5　Boeker（1989），p.492を参照。
6　Hannan and Freeman（1984），p.151.
7　Hannan and Freeman（1977），pp.930-933およびHannan and Freeman（1984），pp.151-152を参照。
8　Levitt and March（1988），pp.322-323を参照。
9　Levintial and March（1993），p.106を参照。
10　Argyris（1993），pp.19-24を参照。
11　Foster（1986），pp.101-106を参照。
12　Christensen（1997）を参照。
13　Christensen（1997），pp.23-24.
14　Christensen（1997），p.15.
15　破壊的技術は，技術的には単純で，既存の部品を使い，アーキテクチャも従来のものより単純な場合がある。しかし，確立した市場では，顧客の要望に応えるものではないため，既存の顧客のニーズを重視した研究開発を行っている大手の優良企業にとっては当初はほとんど採用されないことをクリステンセンは指摘している。
16　クリステンセンは当初，先行研究の多くが提示している「技術泥流説」，つまり大手の優良企業が失敗する原因が技術革新の速さや難しさにあるとする説を支持した。しかし，調査を進めるにつれ，実証的にその説が誤っていることを認識するようになった。「技術的泥流説」を棄却した後，それに替わる説として，クリステンセンはこの「イノベーターのジレンマ」という概念を提示したのである。
17　Raynor（2007）を参照。
18　Raynor（2007），pp.70-76.
19　Raynor（2007），pp.77-81.
20　「新市場型破壊」についてはRaynor（2007），pp.75-76を参照。
　　新市場型破壊では，大手既存企業と新規企業の２つのビジネスモデルは，別々のニーズを有する顧客に焦点を当てる。そして，それぞれの技術を使ってそのニーズを満たし，別々の収益モデルとコスト構造を構築して，存続と成長に必要な利益を確保しようとする。
　　大手既存企業と新規企業によるこの２つの産業はほぼ独立的に発展するが，それぞれの産業を特徴づける技術やプロセス性能が向上して，一方の産業がもう一方の産業の顧客を満足させられるようになると，２つの産業は衝突する。新規企業が自らの産業に固有の環境の欲求を満たすために改良した破壊的技術

が，既存企業に対する構造的優位性をもたらすことが明らかになるとき，新市場型破壊が生じるとレイナーは述べる。
21 「ローエンド型破壊」については，Raynor（2007），pp.80-81を参照。

ローエンド型破壊においては，新規企業は既存企業の最も魅力の薄いセグメントに足がかりを築く。新規企業が市場のローエンドに進出すると，成功している既存企業は利益を多少圧迫されることもあるが，一般には利益率の低い市場のローエンドを放棄する理由がみつかったとして，製造コストと品質の低い新規企業にローエンド市場を明け渡し，自社は利益率の高い製品に生産能力をシフトし，収益性を改善することが多い。ここで，新規企業はローエンド市場での成功により，高品質の製品を創造するための資源とモチベーションを入手し，構造的なコスト優位を維持しながらさらに上位市場に進出する。

新規企業が上位市場に参入するたび，既存企業は独占を維持している顧客層に向けて技術開発を行い，既存モデルを拡張していくことになる。既存企業が自らの技術的強みに特化し，それを強化することで，長期にわたる漸進的な変化に効果的に対応できたからこそ，徹底的な変革の必要性が明らかになったときにはすでに遅く，優位性を喪失してしまう現象が生じるのである。
22 Raynor（2007），p.4を参照。

最も成功する戦略というのは，特定の行動方針への揺るぎないコミットメントに根差す。この特定の行動方針とは，「どんな製品を作り，どんな機能をもたせ，どんな顧客に販売すべきか，また最高の製品を作るべきか，最安の製品を作るべきか」といったことを意味しする。

そして，こうしたコミットが大きいほど成功の可能性が高い。しかし，一方で，そのような成功の可能性が高い戦略は企業の活力を弱めるような戦略的不確実性に最もさらされやすく，優位性喪失につながる可能性が高いことをレイナーは主張するのである。
23 Raynor（2007），p.4.
24 Barney（1991），pp.107-108を参照。
25 Dierickx and Cool（1989），pp.1506-1507を参照。
26 Aoki（2001），8.3を参照。
27 Popper（1976），Chapter 38を参照。
28 花王株式会社の経営革新活動であるTCR活動は第1次TCR活動から第4次TCR活動までの4段階に分けられるが，これは，資源ベース論の理論進化における3つのフェーズと類似するものであった。

つまり，第1次TCR活動においては企業特殊的な個別資源を強化するための制度が，第2次TCR活動においては企業特殊的なコア・ケイパビリティを強化するための制度が，第3次TCR（VCR）活動および第4次TCR活動においては企業特殊的なダイナミック・ケイパビリティを強化するための制度がそ

れぞれ構築されたと考えられる。
　なお，詳細については，本書の第7章第2節を参照されたい。
29　Prahalad and Hamel（1990）およびHamel and Prahalad（1994）を指す。
30　Leonard-Barton（1992, 1995）を指す。
31　このような内部補完性と外部補完性についての考え方は，クラーク（Clark, K.B.）＝藤本（Fujimoto, T.）による内的統合と外的統合の概念およびそれらを基礎とした内的一貫性と外的一貫性についての議論（Clark and Fujimoto 1991, pp.247-253を参照）に非常に近いものと考えられる。
　クラーク＝藤本は，製品開発組織における重要な要素として，「分業化の程度」と「統合の程度」を挙げている。彼等によれば，「分業化の程度」は専門的知識についての古典的な問題を扱うもので，分業によって個別の部品，個別の作業のレベルで技術的ノウハウを蓄積，保存するとともに，個別の任務を迅速かつ効率的に遂行するという機能が期待される。また，「統合の程度」については，「内的統合（internal integration）」と「外的統合（external integration）」の2つに分けて考えられる。
　「内的統合」には製品全体について高度の内部統合を実現し，任務の調整を行うことで迅速な製品開発を実現するという機能が期待される。一方，「外的統合」には製品全体について高度の外部統合を実現し，製品コンセプト，製品設計，ユーザーの期待を適合させるという機能が期待される。
　この内的統合の程度や外的統合の程度が低い場合には，内的一貫性や外的一貫性が阻害される。その結果として，有用な製品開発が妨げられることになると彼等は指摘している。

第 5 章

資源ベース論の問題移動と理論進化

1 資源ベース論の3つのフェーズ

　本章においては，第2章，第3章，第4章において示した概念的・方法論的枠組みを用いて，資源ベース論の問題移動と理論進化について分析していく。つまり，ポパーに代表される批判的合理主義に基づく認識進歩のモデルを基礎として，硬直化という概念を踏まえて資源ベース論の理論変遷を再構成するのである。

　具体的には，資源ベース論の誕生まで遡り，そこからいかに議論が積み重ねられ，理論進化が生じたかを明らかにしていく。この再構成を行うに当たって，問題移動を伴う視点のシフトに着目すると，3つのフェーズに分けることで資源ベース論の理論進化のプロセスが明らかなることがわかった。

　この資源ベース論の理論進化のプロセスにおける3つのフェーズについて図示すると，**図表5-1**のようになる。

　なお，後述のように，第3フェーズの暫定的解決である理論については，その理論的主張に対して現在のところ明確な誤り排除がなされていない。そのため，図表5-1においては第3フェーズの暫定的解決である理論的言明3までしか理論進化のプロセスを記載しておらず，本章においてもその後のプロセスについての記述を行っていない。しかし，このことは，今後，理論的言明3について誤り排除がなされて資源ベース論にさらなる理論進化が生じる可能性について否定するものでは決してないことに留意されたい。

　第1フェーズから第3フェーズまでの各フェーズにおいては，解決すべき問題がシフトしている。そして，その問題移動に伴って，それぞれの問

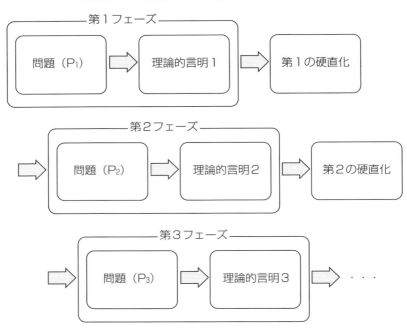

図表5-1◆資源ベース論の3つのフェーズ

出所：著者作成。

題に対して示された暫定的解決である理論的言明も，明らかに変化している。

　そのような理論的な変化をもたらすきっかけとなったものが，硬直化という経験的事象に裏づけされた批判的議論であった。本書では，第1フェーズから第2フェーズへの移行を促した硬直化を「第1の硬直化」とよび，第2フェーズから第3フェーズへの移行を促した硬直化を「第2の硬直化」とよんでいる。

2　第1フェーズの問題設定と理論

　資源ベース論の生成段階において最初に設定された問題は，ポジショニング・アプローチにおける外部環境分析の偏重への批判を基礎としている。このポジショニング・アプローチは，ポーター（Porter, M. E.）の研究に代表されるものである。

　ポーターの研究は，産業組織論におけるS-C-Pパラダイムの考え方を基礎としており，企業を取り巻く外部環境の分析を重視するものである[1]。具体的に，彼は，市場構造（業界構造）において最終的な収益率に大きな影響を及ぼすものとして，**図表5-2**に示したような5つの競争要因を挙げており，これらの要因を分析することで外部環境を明らかにしようとする。

　ポーターは，この外部環境分析（市場構造分析）を基礎とし，企業は外部環境におけるそれらの競争要因から自らを防衛できるように有利にポジショニングすべく，基本戦略に代表されるような競争戦略を策定することが必要であると述べたのである[2]。このようなポーターの主張は，根本的に「業界の状況の違いが企業の収益性を規定する」というものであったと考えられる[3]。

　企業の競争優位性を考えるにあたって業界構造という外部環境の分析を重視するポジショニング・アプローチに対して，資源ベース論と称されるアプローチは，企業間の収益性の格差は外部要因よりもむしろ企業の特殊な内部要因によってもたらされるのではないかという疑問を出発点として展開された。この疑問は，ポジショニング・アプローチの主張においては企業の資源は市場でつねに即時に入手できることを前提としているが，企

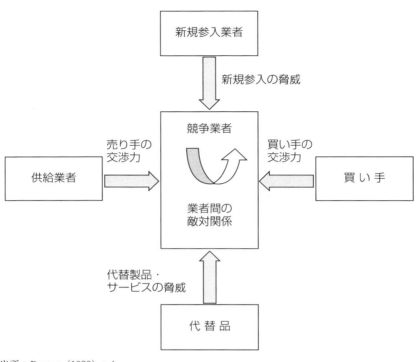

図表5-2◆ポーターによる5つの競争要因

出所：Porter（1980），p.4

業による資源の獲得には制約があるはずだという指摘から生まれたものである。

　たとえば，「資源ベース論」という用語をはじめて用いたとされるワーナーフェルトは，市場においてすべての資源が瞬時に獲得できるというポーターが想定していたような状況を否定し，企業は非常に不完備な市場において個別資源の束の購入を行うと捉えている[4]。そのうえで彼は，企業の内部の要因に着目することが，とくに多角化企業の戦略の研究にとって有用であると指摘するのである[5]。

さらに、外部要因が企業の優位性を左右するとのポジショニング・アプローチの主張に対する反証として、経験的なデータが資源ベース論の論者によって示されている。たとえば、ルメルト（Rumelt, R. P.）は、アメリカ企業1,292社における20年間の資本利益率に対して分散分析を適用した結果、産業内における長期的な利益率の分散が産業間の分散よりも3倍から5倍も大きいことを明らかにした。彼はこのデータをもとに、ある産業の構成員であるということが企業に超過利潤をもたらすというよりも、むしろ企業が内部に有する特殊性が超過利潤の重要な源泉となっていることを指摘している[6]。

資源ベース論の第1フェーズでは、このようなポジショニング・アプローチに対する批判を踏まえ、外部要因分析に依拠せずに企業の優位性を説明すべく、「企業に優位性をもたらす内部要因とはなにか」という問題P_1が設定されたと捉えられる。その上で、この問題に対しての暫定的解決が、ルメルト、ディーリックス＝クール、バーニーといった論者によって示された[7]。

たとえば、ルメルトは、事後的に企業が異質化し互いに完全には模倣できなくなることを前提とし[8]、企業の潜在的なレントを保護するものとして隔離メカニズム（isolating mechanisms）という概念を示した[9]。彼の研究は、隔離メカニズムが他社からの模倣に対する防御壁として機能し競合他社の参入を防ぐことによって、企業内の個別資源を守ることが可能となり、その結果として企業は競争優位を持続できるということを主張するものである。

また、ディーリックス＝クールは、品質に関する評判、企業特殊的な人的資本、ディーラーのロイヤリティ、研究開発能力といった市場において取引不可能な資源に着目した[10]。そして、企業はそれらの取引不可能な資源を保持することで持続的な競争優位を構築し得ると述べた。つまり、

ディーリックス=クールは，企業における資源の非流動性[11]が競合他社による模倣を防ぐとともに代替困難性を高め，競争優位の獲得に寄与すると主張したのである。

これらの研究を受けて，バーニーは「経済価値，稀少性，模倣困難性，代替困難性を有する個別資源を獲得するほど，企業は優位性を獲得できる」という主張を行った[12]。なお，バーニーは，戦略的要素市場の概念を示し，そこにおいて企業がいかに優位性をもたらすような性質を有する資源の束の購入を行うか，そこで購入できない資源をいかに獲得するか，といった点についても論じている[13]。

上述したルメルトやディーリックス=クールの研究は，バーニーが指摘したような優位性をもたらす個別資源の性質のなかでもとくに模倣困難性や代替困難性について，隔離メカニズムや非流動性（取引不可能性）といった概念に着目して研究したものであったと解釈できる。そのため，第1フェーズの暫定的解決として示されたルメルト，ディーリックス=クール，バーニーといった論者による研究群はすべて，企業に優位性をもたらす個別資源の性質を分析し，それに特化する意義を明らかにするものであると位置づけられる[14]。

したがって，このフェーズの暫定的解決TT_1は「企業特殊的な個別資源を強化するほど競争優位性が高まる」という理論的言明1として示すことができる。

3　第1フェーズの理論に対する反証：第1の硬直化

このような第1フェーズの理論に対して，個別資源を獲得しようとする組織メンバーの努力があまりに狭い範囲に焦点が絞られ過ぎている場合に，

優位性喪失の可能性が生じるという指摘がなされた。これは，組織を構成する要素である個人やセクションがそれぞれ個別資源を強化していくためのルーティンを強化するなかで，そこに過度の慣性が働き，その結果，経路依存性の逆機能が生じたものである。

この点について，プラハラッド＝ハメルは，それぞれの組織メンバーが技能を中心とした個別資源の蓄積・強化のための努力を行う際に，非常に狭い範囲で焦点化した場合，自分の職能的経験を他者の職能的経験と新しい興味深い方法で混合するための機会を認識できなくなることを示唆している[15]。また，各セクションにおいても，「多くの資金に恵まれ，才能のある人材を大量に抱えていても，優位性を失う」[16]と表現されるような現象が生じる可能性がある。

つまり，企業はそれぞれのセクションにおいて巨額の研究開発費を用いて企業特殊的な専門的技術を開発し，専門的知識を有した人材を獲得し，稀少な個別資源の蓄積を行うことで，競争優位を構築しようとしている。しかし，そのような企業特殊的な個別資源の強化に伴って企業全体としての内部補完性が崩れてしまっては，かえって優位性を維持することができなくなるとの指摘がなされたのである。

本書では，このような個人やセクションにおいて個別資源獲得のための努力がなされているにもかかわらず，企業全体として市場ニーズと適合するような最終製品を形成できずに優位性を失う可能性があるという議論を，「第1の硬直化」と称する。このような第1の硬直化は，実際の企業（世界1（物的世界）のレベル）においても，1990年代前半に企業特殊的な個別資源を豊富に有する企業が優位性を喪失するケースが数多く生じたことを受けて指摘されたものである。

前述のハメルとプラハラッドも，いくつかの業界において，莫大な個別資源を有していたはずの欧米企業が（企業特殊的な個別資源をより豊富に

有していたとはいえないような）日本企業の台頭によって優位性を喪失した事例について，数多く紹介している[17]。ここでは，自動車業界と家電業界の例について挙げる。

　まず，自動車業界において，1992年当時のGMはとても膨大な（個別の）経営資源を持っており，それぞれのユニットにおいて豊富な個別資源を用いて研究開発が行われていた。しかし，個々のユニットにおいて（研究開発によって独自の強みを強化しようという）努力が行われていたものの，企業全体としては目的意識が共有されていないことから，個々の努力が全体の動きに反映されにくい状態にあった。

　そのため，GMは「各ユニットがちぐはぐに動き，優先順位は気まぐれに決定され，一貫性はしばしばご都合主義の犠牲になる」[18]状態になっていた。結果として，GMはホンダの4倍も研究開発に費やしているのにもかかわらず，少なくとも顧客から見てGMが自動車シャシー技術で名実ともに世界ナンバーワンと評価されないという事態を招くことになってしまった[19]。

　また，家電業界においては，アメリカのGTEやイギリスのGEをはじめとする欧米企業は，それぞれ多様な事業を扱うとともに，それぞれの事業において先進技術を蓄積していた。たとえば，GTEは電気通信会社として活発に活動しており，その事業は，電話機，交換・伝送システム，照明製品など多岐に渡っていた。さらに，シルバニア・カラーテレビを作っていたGTE娯楽製品グループは，ディスプレー技術でも一定の地位を獲得していたとされる[20]。また，GEも小型テレビの技術に代表されるような独自の高度な技術を有していた。

　しかし，これらの欧米企業においては，それらの複数の事業分野でそれぞれ独自の技術を有していたものの，企業全体を一貫して貫く総合的なコンセプトを作ることができなかった。そのため，C＆C[21]という一貫した

総合的なコンセプトによって新たな製品市場を作り出したNECのような日本企業の台頭によって，その優位性を喪失するという結果を招くことになった[22]。

したがって，以上述べてきた第1の硬直化は，企業特殊的な個別資源を強化するという企業努力を行っても，内部補完性が阻害されて優位性を構築できないことがあるという経験レベル（世界1のレベル）の現象が生じたことをうけてなされた批判的議論である。これは，「企業特殊的な個別資源の強化が企業の優位性を高めない可能性がある」という「個別資源強化の逆機能」についての指摘であるといえる。

つまり，この第1の硬直化という誤り排除がなされることによって，第1フェーズの暫定的解決である「企業特殊的な個別資源を強化するほど競争優位性が高まる」という理論的言明1が経験的妥当性の面から反駁されたのである。

4　第2フェーズの問題設定と理論

このように第1の硬直化が認識され，その指摘を受けたことで，資源ベース論は「個別資源強化の逆機能を克服して企業に優位性をもたらす内部資源とはなにか」という新たな問題P_2を設定し，それを解決すべく展開されることとなった。したがって，第1の硬直化を巡る問題状況の変化に伴い，資源ベース論は第1フェーズから第2フェーズへと移行したと捉えることが可能である。

この第2フェーズでは，企業内の個別資源をいかに活用できるかを考えることが第1の硬直化を克服し優位性を構築するための鍵となることが主張され，個別資源を活用するための内部資源について説明することに焦点

が当てられた。第2フェーズの暫定的解決として代表的なものが，1990年代前半に多く出現したコア・コンピタンスやケイパビリティに関する研究である。これらは，グラントの研究にみられるように，個別資源とそれらを活用する能力の間の明確な区別を行う[23]とともに，とくに後者に焦点をあてる点で共通している。

たとえば，ハメルとプラハラッドによるコア・コンピタンス論がその代表例として挙げられる。彼等は，「顧客に特定の利益をもたらすことを可能にする一連のスキルや技術」[24]をコア・コンピタンスと称する。そして，コア・コンピタンスの強化が企業の優位性を高めることを主張する。つまり，彼等は，企業が競争優位を獲得するためには，個別資源を組み合わせて顧客に対して他社にはまねのできない自社ならではの価値を提供するような，企業の中核的な力を構築することが不可欠だと述べるのである。

より具体的には，コア・コンピタンス論は，企業においてはコア製品がコンピタンスによって育てられ，さらにそれが最終製品として結実するという概念を前提に，中核となる組織的なスキルや技術であるコア・コンピタンスをいかに構築するかを追求した研究であるといえる。そして，「とくに多様な製造スキルをいかに調整し，複数の技術の流れをいかに統合していくかを学ぶ」[25]ための集団的学習の重要性が指摘される。つまり，彼等は「経営資源（個別資源）の組み合わせ」として企業を理解し，「経営資源（個別資源）をレバレッジする能力」を集団的学習によって開発することを重視していると考えられる。

これに対し，ストーク（Stalk, G.）等は前述のハメルとプラハラッドが主張したコア・コンピタンスの重要性は認めるものの，それだけでは企業の競争における成功を説明するにあたって不十分であると述べた。彼等は，「戦略的に理解された一連のビジネス・プロセス」[26]をケイパビリティとよび，このケイパビリティの強化が企業の優位性を高めるということを主張

した。

　彼等は，ウォルマートのクロスドッキング・システムの例を挙げ，これに代表されるような顧客に対して優れた価値を提供するケイパビリティの構築と，それに基づく競争（capabilities-based competition）によって，企業は競争優位を確立できるとした[27]。つまり，彼等はコア・コンピタンスをいかにビジネス・プロセスによって補完するかを論点とし，コア・コンピタンスと補完的なビジネス・プロセスのセットとしてのケイパビリティを企業内に構築することの重要性を指摘したのである。

　さらに，コグート（Kogut, B.）とザンダー（Zander, U.）は，プラハラッドとハメルによるコア・コンピタンス論などをもとに知識という概念に焦点をあてた。彼等は，「現在の獲得した知識を合成し応用する能力」[28]を統合ケイパビリティ（combinative capability）とよび，統合ケイパビリティの強化が企業の優位性を高めることを主張した。

　さらに，コグートとザンダーの研究においては，この統合ケイパビリティは社会的コミュニティを前提として形成され，集団的学習を通して企業独自の模倣困難な強みとして強化されていくことが述べられる。つまり，彼等は企業を「コーディネーションと学習についての社会的知識を意味する組織」[29]と定義し，社会的コミュニティを前提として形成される知識の役割というものを論点としている[30]。

　資源ベース論という研究プログラムの1990年代以降の進展を考察してみると，そこには初期の研究とは明らかに違うトレンドを見出すことができる。それは，コア・コンピタンスとケイパビリティという概念に関わっている。

　コア・コンピタンスとケイパビリティはそれぞれ，強調している側面に違いがある。しかしながら，両者はともに，個別資源そのものではなく，あくまでそれらの個別資源を組み合わせる能力について示していることは

明らかであろう。

ここで，ウルリッヒ（Ulrich, D.）＝スモールウッド（Smallwood, N.）による分類[31]をもとにして，これらの概念について整理を行い，一連の研究の特徴をまとめたい（**図表5-3**を参照）。ウルリッヒ＝スモールウッドの分類によれば，コア・コンピタンスもケイパビリティもどちらも組織の能力を示すものである。しかし，両者が焦点をあてているものには違いがあるという。

図表5-3◆能力のマトリックス

	Individual 個人	Organizational 組織
Technical 技術的	① 個人の 職務能力	③ 組織の コア・コンピタンス
Social 社会的	② 個人の リーダーシップ能力	④ 組織の ケイパビリティ

出所：Ulrich and Smallwood（2004），p.120.

ウルリッヒ＝スモールウッドによれば，前述のプラハラッドとハメルによって競争優位の源泉であると主張されたコア・コンピタンスは，図表5-3において第3象限に位置し，組織の技術的な側面を強調した能力の概念である。つまり，コア・コンピタンスは，組織の技術的な核となる強みを意味するものとされるのである。

これはプラハラッド＝ハメルのコア・コンピタンスの例からもうかがえる。彼等は，異質の事業に整合性をもたらすコア・コンピタンスとして，NECのデジタル技術（とりわけVLSIとシステムインテグレーション技能）

やホンダのエンジンと駆動系統における技術といったものを挙げている[32]からである。

　これに対し，ストーク等によるケイパビリティおよびコグート＝ザンダーによる統合ケイパビリティといった概念は図表5-3の第4象限に位置している。つまり，それらは，組織の社会的な側面を強調したものであるとされる。

　実際に，ストーク等も，自らの示すケイパビリティの概念と，ハメルとプラハラッドによって示されたコア・コンピタンスの概念の差異について述べている。彼等は，コア・コンピタンスの概念が価値連鎖上の特定の点での技術と生産の専門力を強調しているのに対して，ケイパビリティの概念はより広い範囲に立脚しており，価値連鎖の全体を包含するものであると主張しているのである[33]。

　また，コグート＝ザンダーの研究も，企業を社会的コミュニティとして捉え，組織化の原則によって，多様な人材や機能についての調整問題を解明し，解決しようとするものと捉えることができる。つまり，統合ケイパビリティを含むケイパビリティという概念は，「企業組織に通底するDNA，企業文化，個性」[34]を背景として形成される，企業の社会的な能力なのである。

　この分類からも分かるように，資源ベース論を能力ベースの観点から推し進めて行くと，競争優位の構築にあたり，コア・コンピタンスとケイパビリティは相互補完的な概念として捉えられることになる。つまり，技術的な強みであるコア・コンピタンスを形成・活用していくためには，社会的なケイパビリティが不可欠となる。

　したがって，前述の代表的研究で示されたようなコア・コンピタンスやケイパビリティという概念には，技術的な側面を強調するか社会的な側面を強調するかという違いは存在している。しかし，それらは，個別資源そ

のものを意味するのではなく，それらの個別資源間の補完性を高めるための組織的なシステムやルーティンなどを意味するものであると解釈できるのである。

ここで，「企業内部の個別資源間・活動間の補完性を高めるような企業独自の技術的・社会的システム，プロセス，ルーティンの集合」のことを「コア・ケイパビリティ」とよぶとすれば，第2フェーズの暫定的解決TT_2は「企業特殊的なコア・ケイパビリティを強化するほど競争優位性が高まる」という理論的言明2として提示することが可能である[35]。なお，この「コア・ケイパビリティ」という用語は，本章第5節で詳述するコア・リジディティ概念を示したレオナルド・バートンの研究において用いられているものである[36]。

さらに，第2フェーズにおいては，企業特殊的なコア・ケイパビリティは企業内部の知識構築活動を意味する集団的学習によって強化されるという主張がなされていることも大きな特徴である。つまり，企業特殊的な性質を有する独自のルーティンやプロセスやシステムを獲得し模倣困難性を高めるための集団的学習のあり方を探る，という企業努力の有用性が示唆されたことから，この第2フェーズにおいて資源ベース論に学習論が導入されたと考えられる。

5　第2フェーズの理論に対する反証：第2の硬直化

このような第2フェーズの理論に対してもまた，反証がなされた。それが，本書で「第2の硬直化」とよぶ批判的議論である。資源ベース論の流れにおいて，この第2の硬直化をはじめて明確な概念として示したのが，レオナルド・バートンによる「コア・リジディティ（core rigidity）」につ

第 5 章　資源ベース論の問題移動と理論進化　83

いての研究である[37]。

　レオナルド・バートンは，過去の成功を生み出し競争優位の源泉となっていたコア・ケイパビリティは，柔軟性を失ってイノベーションを阻害するという可能性を有していると述べている[38]。この「企業の強み（著者注：コア・ケイパビリティのことを指す）が同時にその弱みとなる」[39]というコア・ケイパビリティの有するダウン・サイドこそが，コア・リジディティである。

　つまり，彼女は，第 2 フェーズにおいて競争優位の源泉として特徴的であったコア・ケイパビリティがコア・リジディティへと変異した場合，企業が優位性を喪失する可能性を指摘したのである。レオナルド・バートンの研究に基づいて，コア・リジディティの概念についてより具体的に述べると，以下のようになる。

　企業を取り巻く条件が同じならば，コア・ケイパビリティを生み出す相互依存的なシステムによって企業は優位性を維持できる。しかし，もしビジネス環境が変化したにもかかわらず，それらのシステムがルーティン・ワークとして硬直化してしまっていると，企業は成功の土台そのものと格闘しなければならないのである[40]。

　コア・リジディティは，コア・ケイパビリティが変異したものであるが，レオナルド・バートンは，コア・リジディティはコア・ケイパビリティを生み出した活動と同じ活動によって蓄積されると述べている[41]。このことは，まさにコア・リジディティによる優位性喪失という現象が，コア・ケイパビリティの形成・強化における「意図せざる結果」であることを意味している。

　つまり，コア・リジディティが生じている場合であっても，組織において何らかの知識構築活動が行われていないわけでは決してない。しかし，レオナルド・バートンは，コア・ケイパビリティを生み出してそれを強化

するメカニズムである知識構築活動それ自体にこそ、硬直化の原因が存在することを指摘する。この点について、コア・ケイパビリティがコア・リジディティへと変容する際に、企業の知識構築活動においていかなる現象が生じているかを、レオナルド・バートンの見解に沿って見ていきたい。

まず、コア・ケイパビリティを強化するための知識構築活動は**図表5-4**のようになっている。

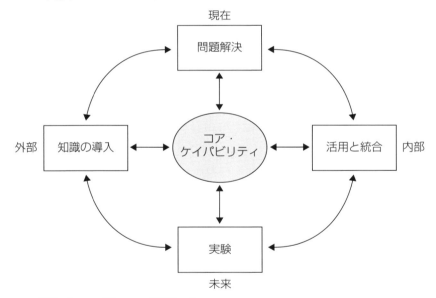

図表5-4◆コア・ケイパビリティ強化のための知識構築活動

出所：Leonard-Barton（1995），p.9.

これに対し、コア・リジディティが生じている場合の企業における知識構築活動は、**図表5-5**のようになっている。図表5-5は、慣性に支配されることによって企業における学習能力が脆弱化しており、それによって、知識構築活動自体が硬直化の原因となっていることを示している。

図表5-5◆コア・リジディティが生じている場合の知識構築活動

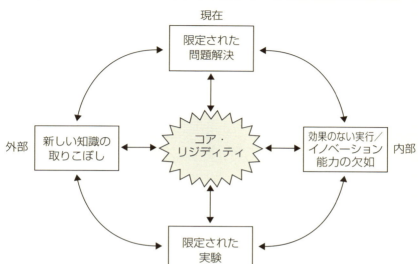

出所：Leonard-Barton (1995), p.36.

　つまり，硬直化した知識構築活動においては，組織メンバーは慣習的に現行の知識を拡大することに集中しており，現行の市場動向や現行のオペレーションに焦点を当てている。また，未来は暗黙のうちに現在と同じようなものと仮定され，結果として，実験は現在行っていることをより良くすることに主眼が置かれる。さらに，外部からの情報についても，それが現行のコア・ケイパビリティにとって不適当なものであれば排除されてしまう。

　なお，このコア・ケイパビリティのコア・リジディティへの変容は，第2フェーズで導入した集団的学習において，低次から高次に至る学習能力が欠如していることによって生じると考えられる。その意味で，一般的に資源ベース論の論者とはされないものの，クリステンセンの「イノベー

ターのジレンマ」[42]やレイナーの「戦略のパラドックス」[43]といった概念とも「第２の硬直化」（コア・リジディティ）の議論は論点を共有していると考えられる。

　レオナルド・バートンが述べたコア・ケイパビリティとコア・リジディティの関係は，企業を取り巻く環境の変化と密接にかかわっている。そのため，タッシュマン（Tushman, M. L.）＝オーライリー３世（O'ReillyⅢ, C. A.）によって「成功シンドローム（経営の罠としての適合性）」と名づけられた環境変化と企業の成否についての概念[44]を用いると，より明確化することが可能になる。

　タッシュマン＝オーライリー３世による枠組みに，レオナルド・バートンによるコア・ケイパビリティとコア・リジディティの概念を挿入したものが，**図表５-６**である。

　タッシュマン＝オーライリー３世は，戦略，重要課題，人材，公式組織，文化における適合があり，効率的な運営を可能にするようなマネジメント・システムが組織に形成され，それが成功体験を生むと，成功シンドロームに陥るという可能性を指摘した。つまり，組織は，成功を持続させるために成功をもたらした既存のマネジメント・システムをさらに維持・強化しようとすることから，そこに構造面および文化面の慣性が生じるのである。

　このような組織においては，もし環境が安定していて変化しなければ，過去の成功体験を生んだ既存のコア・ケイパビリティによって，そのまま成功を持続することができる。しかし，もし環境が変化した場合には，成功をもたらしていた既存のコア・ケイパビリティがコア・リジディティへと変異して新たなコア・ケイパビリティの形成を阻み，結果として失敗を招くことになる[45][46]。

　レオナルド・バートンは，コア・リジディティの実例として，1990年代

第5章 資源ベース論の問題移動と理論進化　*87*

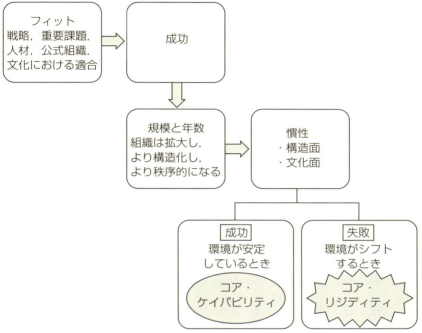

図表5-6◆成功シンドロームとコア・リジディティ

出所：Tushman and O'Reilly Ⅲ（1997），p.29をもとに著者が一部改変。

のトヨタなどを挙げている。彼女によれば，トヨタは，ジャスト・イン・タイムによる在庫配送，多能工化による従業員割り当て，TQC，小ロット生産などから構成されるコア・ケイパビリティを有していた。しかし，1990年代に円高が進むなど環境が変化しても，トヨタは1980年当時のように過剰な品質管理や多様性の維持に固執していた。そのため，従来のコア・ケイパビリティが環境にそぐわないものとなってコア・リジディティへと変容し，結果として競争力の低下を招いたとレオナルド・バートンは指摘している[47]。

　以上述べてきた第2の硬直化は，企業がシステムやプロセス，組織ルー

ティンから構成される企業特殊的なコア・ケイパビリティを強化するという企業努力を行ったとしても，市場環境の変化のなかで外部補完性が阻害されて優位性を構築できないことがあるという経験レベル（世界1のレベル）の現象が生じたことをうけてなされた批判的議論である。これは，「企業特殊的なコア・ケイパビリティの強化が企業の優位性を高めない可能性がある」という「コア・ケイパビリティ強化の逆機能」についての指摘であるといえる。

つまり，この第2の硬直化という誤り排除がなされることによって，第2フェーズの暫定的解決である「企業特殊的なコア・ケイパビリティを強化するほど競争優位性が高まる」という理論的言明2もまた，経験的妥当性の面から反駁されたといえるのである。

6　第3フェーズの問題設定と理論

第2の硬直化の認識・指摘を受け，資源ベース論にはさらなる理論進化が生じた。つまり，第2の硬直化を巡り「コア・ケイパビリティ強化の逆機能を克服して企業に優位性をもたらす内部資源とはなにか」という新たな問題P_3を設定したことから，資源ベース論は再び次のフェーズへと移行したと捉えられるのである。

この第3フェーズにおいては，市場の変化に適応することこそが第2の硬直化を克服して優位性を持続する鍵であることが主張された。そして，市場への適応を可能にするための内部資源について説明することに焦点が当てられることになった。

第3フェーズの問題に対しては，いくつかの理論の方向性が示されている[48]が，本書においてはダイナミック・ケイパビリティについての研究

（ダイナミック・ケイパビリティ論）を1つの暫定的解決としてとり上げる。このダイナミック・ケイパビリティ論は，ティース，ゾロ（Zollo, M.）＝ウィンター（Winter, S.），ヘルファットといった論者に代表されるものである。

このフェーズでのダイナミック・ケイパビリティ論による暫定的解決TT_3は，「企業特殊的なダイナミック・ケイパビリティを強化するほど競争優位性が高まる」という理論的言明3として提示することができる。ただし，このダイナミック・ケイパビリティの概念には論者によって多少の差異がある。

たとえば，ティース等はダイナミック・ケイパビリティについて「タイムリーな反応や，急速でフレキシブルな製品イノベーションを達成することができ，内的および外的なコンピタンスを効果的にコーディネートして再配置する経営ケイパビリティ」[49]と表現している。また，ゾロ＝ウィンターは「有効性の改善のために，組織がシステマティックにゼロレベルのケイパビリティを生み出し，修正することを通じた，集団的行動の安定した学習のパターン」[50]がダイナミック・ケイパビリティであると述べている。さらに，ヘルファットによれば，ダイナミック・ケイパビリティは「組織が資源ベースを意図的に創造，拡大，修正する能力」[51]と定義されている。

第6章第3節で記述するように，それぞれの論者によるダイナミック・ケイパビリティの概念を詳細に分析すると，最も大きく異なっているのは，ダイナミック・ケイパビリティをルーティンと捉えるか，それを超えたものと捉えるかという点である。たとえば，ゾロ＝ウィンターやヘルファットは組織のルーティンを変更・更新するためのより高次のルーティンをダイナミック・ケイパビリティと位置づけている。これに対し，ティースはルーティンを超えた経営者の企業家的精神もダイナミック・ケイパビリ

ティの主要構成要素と捉えているのである[52]。

しかし，そのような差異があるものの，ゾロ＝ウィンター，ヘルファット，ティースといった論者によるダイナミック・ケイパビリティの概念には，共通する点がある。それは，「市場変化に適応するためにコア・ケイパビリティ自体を変更・更新する能力」ということであろう。

なお，ダイナミック・ケイパビリティの強化によって第2の硬直化であるコア・リジディティの問題を克服できることと関連して，テクニカル適合度（technical fitness）および進化的適合度（evolutionary fitness）という2つの異なる尺度が示されている。テクニカル適合度とは，「企業をいかに生存させるかとは関係なくそのケイパビリティがいかにその機能を効果的にはたせるか」[53]を示すものである。これに対して，進化的適合度とは，「そのケイパビリティがいかに企業を生存させるか」[54]を示すものである。

企業は業務的なコンピタンスを中心としたコア・ケイパビリティを強化することによって，テクニカル適合度を高めることができる。しかしながら，コア・ケイパビリティを強化するだけでは，進化的適合度を高めることはできない。進化的適合度を高めるためには，ダイナミック・ケイパビリティを強化することが不可欠となる。なぜならば，ダイナミック・ケイパビリティを強化することによってはじめて，企業は外部資源を利用したイノベーションを起こすことが可能となり，市場変化への適応が可能となるからである。

これについて，ティース等は，企業はエコ・システム（生態系）に埋め込まれた存在であるとし，エコ・システムにおける外部の資源を利用してイノベーションを実現するという点を強調している。なお，エコ・システムの参加者として，ティースはサプライヤー，補完者，顧客といったさまざまな企業外部の関係者を想定している（**図表5-7**を参照）。

**図表5-7◆市場や技術機会の「センシング」のための
エコ・システム・フレームワークの要素**

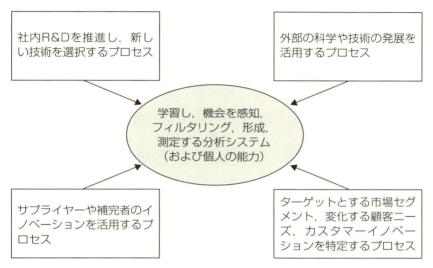

出所：Teece (2007), p.1326.

つまり、ティース等は、企業が内部に保有する資源は有限であるということを前提として、企業外部に存在するエコ・システムの参加者との共進化や相互関係といったものに着目している。そして、企業内部だけではなく企業外部に存在する資源をコーディネートする能力を構築することの重要性を強く主張しているのである。

第3フェーズの出発点となっている第2の硬直化の議論は、第2フェーズで導入した学習論の概念に大きくかかわっている（図表5-4および図表5-5を参照）。つまり、企業内部の補完性（内部補完性）を高めるコア・ケイパビリティを強化するような（低次の）集団的学習において、環境に適応するための（高次の）学習能力が欠如しているために企業外部との補完性（外部補完性）が崩れることが、第2の硬直化の原因であった。

ダイナミック・ケイパビリティについての理論は，このような問題を克服すべく，企業内外の個別資源を適宜組み替えて外部補完性を高める高次の学習能力として，ダイナミック・ケイパビリティという概念を提唱した。換言すれば，第2の硬直化を外部の市場とのかかわりの中で認識する進化論的な視点をとり入れることで第2の硬直化に対する解を示したのである。

なお，本章で分析を行った資源ベース論の各フェーズにおける理論的言明と代表的研究についてまとめると，**図表5-8**のようになる。

図表5-8◆資源ベース論の理論進化

第1フェーズ
理論的言明1
「企業特殊的な個別資源を強化するほど競争優位性が高まる」
＜代表的研究＞
Rumelt(1984, 1991), Barney(1986, 1991)
Dierickx and Cool(1989), Peteraf(1993)　他

理論進化

第2フェーズ
理論的言明2
「企業特殊的なコア・ケイパビリティを強化するほど競争優位性が高まる」
＜代表的研究＞
Grant(1991), Prahalad and Hamel(1990), Hamel and Prahalad(1994)
Stalk *et al.* (1992), Kogut and Zander(1992, 1996)　他

理論進化

第3フェーズ
理論的言明3
「企業特殊的なダイナミック・ケイパビリティを強化するほど競争優位性が高まる」
＜代表的研究＞
Teece *et al.*(1997), Zollo and Winter(2002), Ander and Helfat(2003)
Helfat(2007), Teece(2007, 2009, 2011)　他

出所：著者作成。

注

1 Porter（1980），pp.3-33を参照。
2 Porter（1980），pp.34-46を参照。
3 ポーターは，戦略グループの違いによっても企業の収益性に差異が生じることを述べているが，そのような戦略グループの違いも業界の構造分析に基づいて生じるものであることから，ポーターの主張はあくまで「業界の状況の違いが企業の収益性を規定する」と示すことができる。

   なお，戦略グループとは，「業界において，戦略次元上で同じかあるいは類似の戦略をとっている企業のグループ」（Porter 1980, p.129）と定義される。たとえば家電製品業界においては，
   ・多種の製品を販売し，広告量が多く，統合度が高く，自社内に流通部門とサービス部門をもつグループ
   ・高品質で高価格の製品を特定の流通経路を通じて販売する専門メーカーからなるグループ
   ・プライベート・ブランド用の製品を生産しているグループ
   といった戦略グループが存在している。
4 Wernerfelt（1984），p.172を参照。
5 ワーナーフェルトは，議論の前提として，資源と製品の2つのパースペクティブとその関係から導き出される企業の強みの構築について考えている。彼の主張によると，企業にとって，資源（resource）と製品（product）は同じコインの2面である。

   多くの製品はいくつかの資源のサービスを必要とし，多くの資源はいくつかの製品において利用され得る。異なる製品市場における企業活動のサイズを詳述することによって，最小の必要な資源コミットメントを推定することができる。一方，企業の資源プロファイルを詳述することによって，最適な製品市場活動を発見できる（Wernerfelt, 1984, p.171を参照）。ワーナーフェルトは，基本的な経済的ツールの多くが製品市場サイドにおいて用いられていることを述べ（Wernerfelt 1984, p.171を参照），収益性と資源の間の関係が軽視されていたことについて指摘する。
6 Rumelt（1987），p.141を参照。

   なお，ルメルトは1991年の論文においても，ビジネス・ユニットの収益性を説明する要因について調査を行った結果を公表している。この調査は，Schmalensee（1985）の研究と同様に連邦取引委員会のデータを利用したものである。しかし，Schmalensee（1985）が1年間のデータを用いているのに対し，Rumelt（1991）は4年間のデータを用いてより精緻な調査を行っている。この調査においてもルメルトは，収益性の相違は，業界の選択よりも企業内部の要因に起因して生じることがはるかに多いという結果を示した。

7 これらの第1フェーズの暫定的解決としての代表的研究は，とくに1980年代中頃から1990年代初頭にかけて多く生み出された。
8 Rumelt（1984），p.135を参照。
9 Rumelt（1984），pp.140-142を参照。
10 Dierickx and Cool（1989），pp.1505-1506を参照。
11 企業において長期的に形成され蓄積された品質に関する評判，企業特殊的な人的資本，ディーラーのロイヤリティ，研究開発能力などの取引不可能な資産は，時間圧縮の非経済性，資産のマス効率性，資産ストックの相互連結性，資産の陳腐化，および原因の曖昧性といった性質を有している。そして，これらの性質に起因して資源の非流動性が高まることをディーリックス＝クールは指摘している（Dierickx and Cool 1989, pp.1506-1509を参照）。
12 Barney（1991），pp.105-106を参照。
13 Barney（1986），pp.1233-1283を参照。
14 第1フェーズの研究には，ここで述べた研究の他，Peteraf（1993）なども含まれると考えられる。
15 Prahalad and Hamel（1990），p.82を参照。
16 Hamel and Prahalad（1994），p.128。
17 ハメルとプラハラッドは，欧米企業の例を多くとり上げているが，第1の硬直化に該当する現象は，日本企業においても生じていたという指摘がある。

たとえば，1980年代前半の自動車業界において，日産は最先端の技術力が評価され，優位性を構築していた。しかし，新しい部品技術と高性能の装置を追求することで自社の強みを構築しようとする企業努力を続けていたにもかかわらず，1980年代の半ばには優位性を喪失するという現象が生じ，「病める巨人」と揶揄されるようになっていた。

この日産の優位性喪失について，クラーク＝藤本は，顧客の潜在的ニーズを満たすようなコンセプトの創出を行う能力が欠如しており「首尾一貫した特色あるメッセージ」を製品として顧客に伝えることに失敗したことが原因であると主張し，プロダクト・マネジャーが単に開発部門内部の調整役としての役割を担うのみで明確なコンセプトの創出を行えなかった状況を記述している（Clark and Fujimoto 1991, p.279を参照）。

この時期の日産におけるプロダクト・マネジャーは，明確なコンセプトの形成にリーダーシップを発揮するのではなく，販売部門や経営首脳陣に妥協してしまう傾向があった。さらに，ユーザーとの直接的接触を十分に確保せず，短期的な競争圧力に振り回されて明確なコンセプトを持てずにいた。

このような結果を導いた短期的な圧力としては，他社追随のスタイリング，過剰に多いエンジンのバラエティ，モデルごとの差別化の不足といったものも例示されている。しかし，クラーク＝藤本は，当時の日産は日本のメーカーと

しては開発部門と製造部門の間のコミュニケーションと調整の程度が低く，そこに問題が生じていたことを明確に指摘している．

18　Hamel and Prahalad（1994），p.130.
19　Hamel and Prahalad（1994），p.158を参照．
20　Prahalad and Hamel（1990），p.79を参照．
21　C＆Cとは「コンピュータ」と「コミュニケーション」の頭文字から名付けられたものである．つまり，NECは，システム化とデジタル化という2つの局面を想定し，コンピュータ業界とコミュニケーション業界の合流点に出現するビジネス機会に向けて企業の能力を構築しようとしたのである（Hamel and Prahalad 1994, p.111を参照）．
22　Hamel and Prahalad（1994），pp.111-114を参照．
23　Grant（1991），pp.115-123を参照．
24　Hamel and Prahalad（1994），p.219.
25　Hamel and Prahalad（1994），p.82.
26　Stalk et al.（1992），p.62.
27　ストーク等が競争優位の源泉であると主張するケイパビリティとは，具体的には「製品品質の確保，顧客ニーズに対する鋭敏な洞察力，新規市場の開拓力，新規事業への参入力，新しいアイデアを生み出す力とそのアイデアを新商品の開発などのイノベーションへと結合する力」（Stalk et al. 1992, p.57）といったものである．これらは「企業のより根本的な特性を反映しているもの」（Stalk et al. 1992, p.57）であると彼等は述べる．

　また，ストーク等は，個々の技術と生産ラインの組み合わせを考慮するのみならず，企業は規模の経済性とフレキシビリティーを統合して企業独自のビジネス・プロセスにおける強みを構築すべきことを主張している．そして，その際にはスピード，一貫性，明敏性，機敏性，革新性という5つの軸を考慮すべきことが指摘されている．
28　Kogut and Zander（1992），p.384.
29　Kogut and Zander（1996），p.502.
30　生産性は分業によって増大するが，専門化はコミュニケーションとコーディネーションのコストを上げる．そのため，アイデンティティがコーディネーションとコミュニケーションをサポートする社会的知識につながるとき，企業の知識は市場取引について経済価値を持つといえる．

　企業においては，組織メンバーのアイデンティフィケーションを通して，手続き的なルールが学習される．それによって，コーディネーションとコミュニケーションが個人と多様な専門化されたコンピタンスにおいて促進されていくとコグート＝ザンダーは述べるのである（Kogut and Zander 1996, p.502を参照）．

31 Ulrich and Smallwood (2004), p.480を参照。
32 Prahalad and Hamel (1990), p.83を参照。
33 Stalk *et al.* (1992), p.66を参照。
34 Ulrich and Smallwood (2004), p.120.
35 第2フェーズの理論としては，Grant (1991, 1996), Prahalad and Hamel (1990), Conner (1991), Hamel and Prahalad (1994), Stalk *et al.* (1992), Kogut and Zander (1992, 1996) といった研究が含まれる。
36 レオナルド・バートンは，ケイパビリティを，「物理的システム」，「スキルと知識」，「マネジメント・システム」，「価値観と規範」を含む，企業に優位性を生み出す活動のシステムと定義している（Leonard-Barton 1992, 1995）。このうち，「物理的システム」および「スキルと知識前」は蓄積された知識であり，「マネジメント・システム」および「価値観と規範」は知識の制御と方向付けのメカニズムであると捉えられる。
　彼女は，このようなケイパビリティの中でとくに固有の知識を包含しているもの，つまり「競争優位を特色づけ，規定する一連の知識」（Leonard-Barton 1992, p. 113）をコア・ケイパビリティ（core capability）と名づける。さらに，レオナルド・バートンは，技術に立脚した企業にとっては「コア技術ケイパビリティ」こそがコア・ケイパビリティであるとしたが，これは技術それ自体のみがコア・ケイパビリティであるという意味ではなく，組織において技術を生み出す複数の局面を含めた概念を指している。
　したがって，彼女の述べるコア・ケイパビリティとは前述のコア・コンピタンスの概念において示された中核となる技術的知識と，それを形成・活用するための社会的な知識体系であるケイパビリティの両者を包摂した概念であると考えられる。このようなコア・ケイパビリティは，固有の知識ゆえに競争者による模倣が困難であるという点で，戦略的重要性が高いとされる。
37 Leonard-Barton (1992, 1995) を参照。
38 Leonard-Barton (1992), pp.118-121を参照。
39 Leonard-Barton (1995), p.30.
40 Leonard-Barton (1995), p.30を参照。
41 Leonard-Barton (1995), p.30を参照。
42 Christensen (1997) を参照。
　第4章第3節で詳述したように，「イノベーターのジレンマ」の概念は，企業が，たとえライバル企業の技術的動向を認識し顧客の意見を重視して，技術開発に積極的な投資を行ったとしても，持続的技術と破壊的技術の衝突により優位性を喪失する現象について述べたものである。
43 Raynor (2007) を参照。
　第4章第3節で詳述したように，「戦略のパラドックス」の概念は，たとえ

細心の注意を払って企業努力を行ったとしても，環境変化と組織変革のペースが一致しないために，企業の戦略の失敗が生じることを主張するものである。

44　Tushman and O'ReillyⅢ（1997），pp.28-30を参照。
　タッシュマン＝オーライリー３世を明確に資源ベース論の論者と位置付けることはできない。しかし，ここではレオナルド・バートンによるコア・リジディティの概念をより明確にすることを目的として，コア・ケイパビリティのコア・リジディティへの変容という現象とかなり近い現象について説明している彼等の枠組みを参照した。

45　このような現象を日本の製造業における代表的企業であるソニー株式会社（以下，ソニー）について例示することができる。かつてソニーは，ブラウン管についての技術を中心とした高度な知識体系を形成し，それによって競争優位を獲得していたが，やがて優位性を喪失してしまった（以下のソニーについての記述は，同社のホームページ（http://www.sony.co.jp/）およびアニュアル・レポートと有価証券報告書を参照）。
　ソニーは，1968年に独自のトリニトロン・ブラウン管を開発し，それ以来，民生用から業務用まで幅広い高画質ブラウン管を開発してきた。それらは，垂直方向がフラット構造の「バーティカル・リニア・フェース」，高輝度時にもドーミング現象（マスクの熱膨張による色ずれ・色むら）を生じない独自の色選別機構「アパチャーグリル」などの特長を生かしたものであり，独自の特性を有する優れた技術に基づくものであった。さらに，ソニーはトリニトロンに関する特許を取得していたため，競合他社がこの技術を模倣して製品化することは困難であった。
　これらのブラウン管の技術を核としてさまざまな製品開発がなされ，1996年にはデジタル放送を見据えて，縦横両方向にフラットな「FDトリニトロンブラウン管」を導入し，14型から38型までラインアップを拡充していった。また業務用ブラウン管においても画面の平面化が進められ，ブラウン管の主流となる画面の平面化が他社に先駆けて行われた。
　ブラウン管に関する技術を核としたソニーの知識体系は，模倣困難な独自の競争力であり，内部補完的な活動から構成された組織的な資源活用能力であった。また，高度なブラウン管技術によって生み出された製品によって確固たる地位を獲得した後も，ソニーはブラウン管についての知識構築活動を怠っていなかった。たとえば，2000年にはデジタルハイビジョン放送の情報を十分に表現可能な高精細テレビ用ブラウン管を開発している。この「スーパーファインピッチFDトリニトロン管」技術を生かして，高画質デジタル放送時代に向けて，更なる高画質のブラウン管ディスプレイの開発を行ったのである。
　しかしながら，ブラウン管技術を中心とした知識体系を用いた継続的な開発努力にもかかわらず，ソニーが獲得したブラウン管技術による優位性はやがて

喪失することになる。ブラウン管テレビの売上台数は，2002年には減少に転じ，2003年には大幅減少した。

　ソニーが形成した高度なブラウン管の技術を中心としたコア・ケイパビリティは，もし環境が変化しなければ競争優位の源泉としてソニーの成功を維持させるはずのものであった。しかし，この競争優位が持続しなかったのは，現実にはソニーを取り巻く環境が大きく変化したためである。

　競合他社は液晶技術を用いた製品開発を進めており，市場のニーズはブラウン管から液晶へと確実に変化していた。それにもかかわらず，ソニーは今まで成功体験をもたらしていた既存のブラウン管技術というコア・ケイパビリティに固執したため，結果としてそれがコア・リジディティに変容してしまったのである。コア・リジディティとなった従来のコア・ケイパビリティが新たなコア・ケイパビリティ（液晶技術を中心としたコア・ケイパビリティなど）の形成を阻害し，競争優位の源泉を失ったために，ソニーは一度獲得した優位性を喪失してしまったと考えられる。

46　日本の情報産業および清酒製造業の経営者に対するインタビュー調査においても，それらの業界においてコア・ケイパビリティがコア・リジディティに変容する現象が存在することが明らかになった。なお，このインタビュー調査の詳細については，本書の補論を参照されたい。

47　Leonard-Barton（1995），pp.32-33を参照。

48　たとえば，（進化論を導入した）ダイナミック・ケイパビリティ論とは異なる方向性を示している暫定的解決として，プラハラッド＝ラマスワミ（Ramaswamy, V.）の研究を挙げることができる。彼等は，自社と関わりのある人すべてを「消費者」とみなし，価値を定義したり創造したりするプロセスに多数の消費者がかかわりを強めることで，第2の硬直化の問題を解決しようとした。

　プラハラッドはハメルとともに，資源ベース論の第2フェーズの代表的研究であるコア・コンピタンス論を輩出した研究者であるが，ラマスワミとの共著である2004年の書籍においては，コンピタンスの源泉についての考え方が時代とともに変化していることを論じている。彼等は，企業が価値を創造してそれを消費者に売るという発想に疑問を投げかけた。そして，今後は消費者が企業およびその仕入先，事業パートナー，消費者コミュニティなどとともに価値を共創する傾向が強まり，その過程で消費者ごとに独自のパーソナル経験が紡がれていくと述べている。

　具体的には，彼等は，コンピタンスに関する理論的主張の変化を以下のように4段階で説明する（Prahalad and Ramaswamy 2004, p.141を参照）。

　まず1990年までの第1段階では事業ユニットを知識の源泉としていたが，1990年からの第2段階では企業はコンピタンスの集まりであると考えるように

なった。次の1995年からの第3段階では仕入先や事業パートナーもコンピタンスの源泉であると主張するようになった。さらに，2000年からの第4段階においては，消費者や消費者コミュニティもコンピタンスの源泉として重要であると主張するにいたった。

49　Teece *et al.*（1997），p.516.
50　Zollo and Winter（2002），p.340.
51　Helfat（2007），p.1.
52　このような論者によるダイナミック・ケイパビリティ概念の差異は，優位性をもたらすものとして着目される知識の性質についても大きな違いをもたらす。この点については，第6章第4節において詳細な分析と考察を行っている。
53　Teece 2007, p.1321.
54　Teece 2007, p.1321.

第 6 章
資源ベース論における知識

1　資源ベース論と知識の関係

　第3章第2節において記述したように、企業における知識という概念に焦点を当てたグラントやコグート＝ザンダーといった論者による研究[1]は資源ベース論とは区別され、「知識ベース論」という名称を付される場合が多い。また、ティース、ゾロ＝ウィンター、ヘルファットといった論者によるダイナミック・ケイパビリティという概念を扱った研究[2]についても、「ダイナミック・ケイパビリティ論」として資源ベース論とは異なる扱いをされることが多い。

　しかし、第5章のように問題移動の観点から「資源ベース論」における理論の変遷を明らかにする過程で、資源ベース論と知識ベース論との明確なかかわり合いが示されたと考える。このことから、コグート＝ザンダーやグラントの研究といった「知識ベース論」の諸理論は、資源ベース論の第2フェーズの理論に含まれるものとして位置づけられる（**図表6-1**を参照）。

　なぜならば、コグート＝ザンダーやグラントによる知識についての研究は、「個別資源強化の逆機能」としての第1の硬直化を克服するという問題状況を基礎としている。そして、その問題状況のもとで、「個別資源の組み合わせ」自体よりもむしろそれらを組み合わせる組織メンバーの総体的な能力（コア・ケイパビリティ）を構築することの重要性を主張したものだからである。

　つまり、それらの知識ベース論の諸研究は、ハメルとプラハラッドによるコア・コンピタンス論や、ストーク等によるケイパビリティの研究と同様に資源ベース論の第2フェーズという位置づけを行うことができる。さ

図表6-1 ◆資源ベース論第2フェーズと知識ベース論の関係

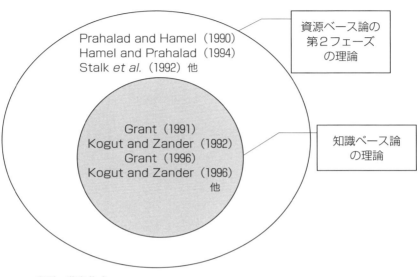

出所:著者作成。

らにいえば,知識ベース論の諸研究は,資源ベース論の第2フェーズのなかでも,とくに知識という問題に着目して理論的主張を行っている領域として扱うことが可能である。

また,第5章でも述べたように,ティース等のダイナミック・ケイパビリティについての研究も,資源ベース論の第3フェーズとして位置づけられるものである。そして,それらのダイナミック・ケイパビリティ論は,明らかに「コア・ケイパビリティ強化の逆機能」としての第2の硬直化を解決するために示された知識にかかわる1つの解として考えられる。

したがって,資源ベース論の理論進化においては,初期の資源ベース論が知識ベース論を生み出し,知識ベース論からダイナミック・ケイパビリティ論が生み出されたと解釈できる。そのため,その理論進化には,つねに知識についての議論が存在していたといえる。

つまり、資源ベース論の理論進化において、知識ベース論だけではなく、企業特殊的な個別資源について扱っていた初期の理論においても知識の問題は大事なものとして議論されており、また、ダイナミック・ケイパビリティ論も知識ベース論における知識概念を前提として新たな知識概念を提示したものであったと考えられるのである。そのことから、知識の性格の変化という観点から、図表6-2のように資源ベース論の理論進化をみることも可能となろう。

図表6-2◆知識の観点から見た資源ベース論の理論進化

初期の資源ベース論	理論進化	知識ベース論	理論進化	ダイナミック・ケイパビリティ論
Rumelt(1984) Barney(1986) Dierickx and Cool(1989) Barney(1991) 他	→	Grant(1991) Kogut and Zander(1992) Grant(1996) Kogut and Zander(1996) 他	→	Helfat(2007) Teece(2007) Teece(2009) Zollo and Winter(2002) 他

――――――――― 資源ベース論 ―――――――――

出所:著者作成。

本章では、まずは初期の資源ベース論から知識ベース論を経てダイナミック・ケイパビリティ論へと資源ベース論が進化するプロセスにおいて、どのように競争優位の源泉とされる知識の概念が変化したかを分析する。そのうえで、そのような理論進化において、企業に競争優位性をもたらすものとしてとり上げられている知識の性質がいかに変化したかについての分析を行う。このような分析を行うことで、資源ベース論の理論進化が戦略的性質に与えた影響について考察する[3]ことが可能となる。

2 個々の技能・ノウハウから
組織ケイパビリティとしての知識へ

　初期の資源ベース論においては専ら企業特殊的な個別資源についての重要性が強調されていたが，そこにおいても「知識」と捉えられる概念が企業の優位性に影響を与えるとの見解は存在していた。しかし，その進化形態であるグラント等の「知識ベース論」と比較すると，「知識」の概念には大きな差異がある。

　本節では，初期の資源ベース論と知識ベース論のそれぞれの主張を概説しながら，優位性との関係から保有すべきと主張される「知識」概念がいかに変化したかについて分析する。

(1) 初期の資源ベース論における知識

　第5章第2節で述べたように，資源ベース論という用語を最初に用いたとされるのが，1984年のワーナーフェルトによる研究である。彼は，長期間におけるハイ・リターンを導く性質を有する資源の獲得・配置を行うほど，企業は優位性を獲得できることを主張している[4]。一般的に，このワーナーフェルトの研究について，知識という観点から論じられることはほとんどない。

　しかし，ここでは，ワーナーフェルトの述べる「資源」という概念がかなり広いものであるという点に着目する。そして，そこに資源ベース論が「知識」というものに焦点をあてる素地が形成されていたことを明らかにしたい。

　そもそも，経済的単位が有する資源に着目して効率性を分析することは，

経済学において長く研究されてきた。しかし，ワーナーフェルトは，従来の経済学的分析における資源が典型的に労働，資本，および土地のような要素に限定されて論じられていることを指摘し，資源をより広義の概念として捉えるべきであることを主張した[5]。

ワーナーフェルトは，「半永久的に企業に結びつく有形・無形の資産」[6]として資源を定義し，具体的な資源の例として，ブランド・ネーム，取引関係，機械，資本といったものだけでなく，熟練工の雇用，内部的な技術の知識，能率的な手続という知識にかかわる要素をも挙げている[7]。このように有形資源，無形資源，人的資源を含む幅広い概念のなかで，「知識」というものをも強力な競争優位の源泉として考える土台が形成されていたといえよう。

ワーナーフェルトの概念を基礎として，優位性をもたらす個別資源の条件について分析したのが，バーニーやディーリックス＝クールなどの研究である。第5章第2節で述べたように，たとえばバーニーは，「経済価値」，「稀少性」，「模倣困難性」，「代替困難性」という性質を有する資源を獲得できれば，企業の優位性が高まると主張している[8]。

このような性質はどれも知識というものがもつ性質とかかわると考えられるが，とくに模倣困難性は知識に大きくかかわっている。なぜならば，知識のような市場において取引不可能な資源は，その非流動性によって競合他社の模倣を防ぐことが可能である[9]ため，高い模倣困難性を有しているという主張がなされるからである。

そして，ディーリックス＝クールは，そのような取引不可能な資源として，企業特殊的な人的資本や研究開発能力といったものを例示している。ここにおける人的資本の根幹をなしているものは，まさに，後述の知識ベース論におけるグラントによる「専門的知識」[10]あるいはコグート＝ザンダーによる「個々に保有される低次の知識」[11]といった概念と同義であ

ろう。これらの知識は，あくまで，個々の従業員個人あるいはセクションにおいて蓄積されていくものである。つまり，初期の資源ベース論において競争優位性に影響を与えるとして着目された「知識」とは，知識ベース論の前提となっているような，従業員個人や各セクションに蓄積された個々の技能やノウハウといったものを意味していると捉えられる。

(2) 知識ベース論における知識

前項で述べたように，初期の資源ベース論で優位性をもたらす内部要因として着目されたのは個々の技能やノウハウを含む個別資源であった。しかし，これらを強化することは必ずしも最終製品の創出に結びつかず，結果として企業の優位性を導かないという可能性（第1の硬直化）が存在する[12]。

そのような問題を克服するために，資源ベース論は「ケイパビリティ」あるいは「コンピタンス」という概念に着目するようになった[13]。第5章第4節で述べたように，これらの一連のコンピタンスあるいはケイパビリティについての研究[14]は，技術的な側面を強調しているか社会的な側面を強調しているかという違いはあるものの，いずれも組織の能力に焦点を当てている。つまり，企業内部の個別資源間・活動間の補完性を高めるような企業独自の資源活用能力を組織内の集団的学習によって強化することを主張したという点で共通している。

先行研究においては，プラハラッド＝ハメルのコア・コンピタンス論やストーク等のケイパビリティについての研究とは別に，グラントやコグート＝ザンダーの研究は，知識をとくに強調するものとして「知識ベース論」としてカテゴライズされていることが多い[15]。しかしながら，グラント本人も「企業の資源の中でもっとも戦略的に重要なものとして知識に焦

点をあてている以上，それ（知識ベース論）は資源ベース論のひとつの派生形である」[16]と明言しており，問題移動の観点からは，知識ベース論は明らかに資源ベース論の理論進化の流れに位置している。

つまり，企業の能力（ルーティンやプロセス）についての研究をもとにしながら，とくに企業における知識に焦点を当て，個々の知識を用いる「組織的な能力としての知識」こそが企業に優位性をもたらすことを指摘した研究群が「知識ベース論」であると位置づけられるのである。ここでは，まず，知識ベース論の代表的研究のうち，グラントとコグート＝ザンダーの研究をとりあげ，その主張を整理する。

グラントは，戦略的に最も重要な個別資源（グラントはこれを「資源」という）として「無形資源や人を基礎としたスキル」[17]を挙げており，個々に保有される知識にも着目している。しかし，彼はそのような個別資源についてのみ論じているのではなく，むしろ，そのような個別資源をいかに効率的に用いるかが重要であるとして，個別資源を活用するための「組織ルーティンとしてのケイパビリティ」[18]を構築することが企業に優位性をもたらすと述べている。

このような主張は，1996年の論文において，「知識」という概念に焦点化して，より精緻化される。グラントは，企業を知識統合のための制度であると位置づけ，メンバーの専門的知識を統合するメカニズムのコーディネーションの探索において重要な役割をはたすものであると述べる。そのうえで，知識は個人の内部に属するものとして観察されることから，組織の主要な役割は，知識の創造（ナレッジ・クリエーション）よりもむしろ知識の応用（ナレッジ・アプリケーション）であるとする[19]。

つまり，グラントはチーム生産をマネジメントする組織としての企業を強調し，企業の生産プロセスにおける中心的な優位性は，「市場のそれとはまったく異なるロジックからの特定のタイプの経済的達成を支配するユ

ニークな優位性」[20]であると述べる。そして，その核となるのが「財・サービスの生産プロセスにおいて多くの異なる個人の知識を統合するプロセス」[21]であり，それを明確に特定することが目指されたのである。したがって，グラントの研究においては，企業は個々の専門的知識を統合し形成するための組織ケイパビリティを構築することによって優位性を高められるとの主張がなされることになる。

　コグート＝ザンダーによって示された統合ケイパビリティという概念も，このグラントの組織ケイパビリティの概念と共通する部分が多い。彼等は，知識は個々に保有されるものではあるが，グループ，組織，あるいはネットワークという社会的コミュニティにおいて，それぞれのメンバーが協力する規則性の中でこそ表現されるとする[22]。彼等は，そのような社会的コミュニティを通して個人やグループの知識の共有や移転がなされるという特徴こそが，企業が市場よりもより良く機能する理由であると述べている。

　その上で，コグート＝ザンダーは，知識を移転するだけでなくそれを統合し適用する組織の能力に着目し，これを統合ケイパビリティという概念で表現してその重要性を主張する[23]。つまり，既存の個々の知識を踏まえたうえで学習を行い，新しい知識を創造したり技術機会を活用したりするケイパビリティである統合ケイパビリティを保有することによって，企業は優位性を獲得できるとされるのである。したがって，コグート＝ザンダーによる統合ケイパビリティの概念は，「個人によって保有される低次の知識」[24]というものを前提とし，それをコーディネートするための組織ケイパビリティを構築することの重要性を述べたものであると解釈できるだろう。

　グラントやコグート＝ザンダーといった知識ベース論の論者によって示された統合ケイパビリティを含む組織ケイパビリティは，いずれも組織的知識とよべるものである。したがって，人的資源やセクションにそれぞれ

蓄積された個々の技能やノウハウを企業に優位性をもたらす「知識」として扱っていた初期の資源ベース論と異なり，知識ベース論ではそれらの個々の技能やノウハウとしての知識を統合するための組織的なケイパビリティを「知識」としてとり上げるというシフトが生じたといえる。このように「知識」という概念を組織的なものへとシフトさせたことは，「個別資源を強化しても優位性を喪失する可能性がある」という初期の資源ベース論への反駁（第1の硬直化）について考えたときにも，大きな意義を有するものである。

たしかに，前述のプラハラッドとハメルも，企業が最終製品を創出する能力を構成する技能は，もともと企業の構成要素が個々に有するものであることを前提としている[25]。そのため，彼等も企業内の個人やセクションがそれぞれ独自の技能やノウハウを強化・蓄積していくことの重要性は認めている。

しかし，そのような組織メンバーの努力が強い慣性に支配されているときに，個人あるいはセクションごとに強化・蓄積されていく技能やノウハウが企業全体としての一貫性を持たないものとなって企業内部の補完性を阻害し，その結果として優位性を喪失する可能性が生じることをプラハラッドとハメルは指摘する。したがって，初期の資源ベース論の限界を克服するために資源ベース論が知識ベース論へと理論進化するにあたり，「企業内の個々の技能やノウハウ」から「組織的なルーティンやプロセス」としての知識へと，競争優位の源泉として扱われる知識の概念が変化したといえるのである。

3 ケイパビリティ概念の変化と
個人的な暗黙的知識への着目

　知識ベース論において重要性が指摘された組織ケイパビリティの概念は，ダイナミック・ケイパビリティ論へとさらなる理論進化が起こってもなお，戦略的に重要なものであると主張された。しかし，「ダイナミック・ケイパビリティ」を構成する知識は，知識ベース論で述べられていたものとは変化している。

　ここでは，ダイナミック・ケイパビリティ論におけるいくつかの主張を概説しながら，ダイナミック・ケイパビリティとしての知識とは何かを分析する。そのうえで，前述の知識ベース論における知識概念との相違について考察を行う。

(1) ケイパビリティ概念の変化

　知識ベース論においては，企業内の個人やセクションが獲得・蓄積した技能やノウハウといった個々の知識を組織的なケイパビリティによって統合することが，企業に優位性をもたらすとの主張がなされた。しかし，このような知識ベース論の主張に対し，組織ケイパビリティを強化することがかえって企業の優位性を阻害する可能性（第2の硬直化）が指摘されることになる[26]。

　その代表的な研究が，第5章第5節でも述べたレオナルド・バートンが示したコア・リジディティ概念である[27]。つまり，過去の成功を生み出し競争優位の源泉となっていたコア・ケイパビリティは，柔軟性を失って企業のイノベーションを阻害するダウン・サイドを有しているという指摘で

ある。

　そのような問題を克服するために，資源ベース論はさらなる理論進化を遂げ，ダイナミック・ケイパビリティ論へと変化した[28]。ダイナミック・ケイパビリティ論は，市場変化に適応するための能力であるダイナミック・ケイパビリティの構築・強化を行うことを主張するものである。

　上述のダイナミック・ケイパビリティ論にカテゴライズされる諸研究[29]は，それぞれ「ダイナミック・ケイパビリティ」という共通の用語を用いて主張を展開している。しかし，第5章第6節でも指摘しているように，「ダイナミック・ケイパビリティ」という用語の意味する内容には，論者によってかなりの差異が生じている。

　つまり，ダイナミック・ケイパビリティという概念は，環境変化に適応するためにコア・ケイパビリティ自体を修正・更新する能力を強調するという点ではある程度共通するものの，論者によってその詳細は異なっているのである。ここでは，ダイナミック・ケイパビリティ論の代表的な論者であるゾロ＝ウィンターとヘルファットとティースによる見解を挙げ，それぞれのダイナミック・ケイパビリティの概念を比較する。

　まず，ウィンターはゾロとの共著において，ダイナミック・ケイパビリティを「有効性の改善のために，組織がシステマティックにオペレーティング・ルーティン（ゼロレベルのケイパビリティ）を生み出し，修正することを通じた，集団的行動の安定した学習のパターン」[30]であると定義している。ウィンターは，その単著において組織的なケイパビリティを「高次のルーティン（の集合）」と定義している[31]ことから，彼等はダイナミック・ケイパビリティについても，あくまでルーティンの概念を用いて説明が可能であると考えていると推察される。

　また，ヘルファットは，ダイナミック・ケイパビリティを「組織が意図的に資源ベースを創造，拡大，修正する能力」[32]であると定義している。

そして，このダイナミック・ケイパビリティが実行する機能は「反復可能であり，少なくともある程度は確実に実行できる」[33]とする。ヘルファットは，イノベーションや買収・提携にかかわる経営者のダイナミック・ケイパビリティについても言及している[34]が，それもあくまで反復可能なものであり，組織的なルーティンの構成要素であると位置づけられよう。つまり，ヘルファットもダイナミック・ケイパビリティはパターン化された要素が必要となるという点ではウィンターと同様の見解を示していると考えられる。

これに対し，ティースのダイナミック・ケイパビリティ論[35]においては，ウィンターの進化論をとり入れているものの，ゾロ＝ウィンターのいうようなルーティンに留まらず，それを超えた経営者の能力をダイナミック・ケイパビリティの主要構成要素と捉えている点に大きな特徴がある。つまり，ティースのダイナミック・ケイパビリティ論においては，上記のゾロ＝ウィンターおよびヘルファットの見解とは異なり，経営者の企業家的精神ともいうべき能力をも用いて市場変化に適応することに大きな関心があるといえる。

(2) 個人的な暗黙的知識への着目

ゾロ＝ウィンターやヘルファットのような見解においては，ダイナミック・ケイパビリティの構成要素はあくまで（より高次の）ルーティンであると捉えられる。つまり，「市場変化への適応」という視点が追加されているものの，反復可能（再生可能）なルーティンとしての組織的知識であるという点では，知識ベース論において主張された統合ケイパビリティなどの組織ケイパビリティの概念と同様のものであると解釈することが可能である。

しかしながら，ティースのような見解にたった場合，明らかにダイナミック・ケイパビリティを構成する知識の性質は知識ベース論における組織ケイパビリティとは異なっていると考えられる。なぜならば，ティースの主張するダイナミック・ケイパビリティは，ルーティンなどからなる組織ケイパビリティとしての知識だけを意味しているのではなく，経営者（経営陣）の企業家的精神という個人的知識をその構成要素としているからである。

　この点については，ティース自身も，ウィンター等の概念との違いについて認めている。つまり，ティースのダイナミック・ケイパビリティ・フレームワークでは，資産の選択やオーケストレーションといったものもダイナミック・ケイパビリティの重要な要素として捉えている。そのため，ウィンター等の研究者が高次のルーティンを中心としてダイナミック・ケイパビリティを定義しているのに対して，ティースは新しいルーティンの選択に留まらないダイナミック・ケイパビリティの大きな役割を示唆しており，企業家的経営者が重要となると明確に述べているのである[36]。

　したがって，知識ベース論で述べられるような（個々の技能・ノウハウとしての）知識を組織的に統合することを目的とした企業の活動が，企業外部まで拡大されているという点では，ダイナミック・ケイパビリティ論に含まれる研究ははほぼ共通している。また，進化論をとり入れたウィンターやティースの研究は，市場淘汰を考慮している点でも共通しているといえる。

　しかし，そのような組織的な知識の統合のためのケイパビリティが高次のルーティンという形のみで示されるか否かによって，「ダイナミック・ケイパビリティ」という概念を構成する知識の性質は大きく異なるのである。このような見解を踏まえ，ここでは，知識ベース論で優位性をもたらすとして注目されていた知識とは大きく異なる知識に着目したと思われる

ティースのダイナミック・ケイパビリティ論をとくにとり上げ，そこにおける知識の概念と性質について，より詳細な分析を行いたい。

ティースは，「確立された資産・ルーティンの存在は，過度のリスク回避という問題を悪化させてしまう」[37]とし，過度のリスク回避が意思決定バイアスをもたらして，既存企業がハイリスクなラディカル・イノベーションを追及することを制約してしまうと述べる。ティースによれば，そのような意思決定バイアスを克服するとともに新しい機会を捉えるために必要なスキルは，企業が新しい投資機会を評価する際のルーティン，意思決定ルール，戦略，リーダーシップといったものに依存している[38]。

そのなかでも，ティースはとくに経営者（経営陣）の意思決定スキルに焦点をあてる。つまり，経営者は，複数の成長軌道と関連のある将来の需要，競争的反応だけでなく，不確実性のもとで，できる限りバイアスのない判断を下さざるを得ない状況に直面する。そのような状況で，「意思決定バイアスの克服」の中核をなすものは，経営者の企業家的精神に基づいた「経営判断」としての意思決定スキルなのである。

ティースのダイナミック・ケイパビリティ論が前述のレオナルド・バートンが指摘したようなコア・リジディティの問題を克服するための解として示されたことをふまえると，ダイナミック・ケイパビリティの最も重要な機能は，イノベーションを阻害するような「意思決定バイアスの克服」であると捉えられる。そのように考えると，ティースのダイナミック・ケイパビリティという概念において，その中核となっているのはまさに経営者の企業家的精神であるといっても過言ではないだろう。

この経営者が意思決定を行う基礎となるべき企業家的精神は，明らかに経営者の有する個人的知識である。なお，初期の資源ベース論で着目された人的資源の保有する技能やノウハウといったものも個人が有する知識であったが，企業家的精神における知識は，そのような技能やノウハウと

いったものとはまったく異なる性質を有するものであることに留意すべきである。

なぜならば、初期の資源ベース論で論じられた技能やノウハウは従業員の専門的知識であり、他者との共有がある程度可能で反復可能なものであった。しかし、ティースのダイナミック・ケイパビリティの中核である経営者の企業家的精神は反復することが不可能な個人的知識であり、暗黙的な性質をもつものと考えられるからである。

もっとも、ティースはダイナミック・ケイパビリティを構成するものとして、ゾロ＝ウィンターやヘルファットが述べるような組織ルーティンのような組織的知識の存在を考慮していないわけでは決してない。ティースの研究においては、そのような組織的知識はミクロ的基礎（microfundations）に含まれており、ダイナミック・ケイパビリティの構成要素とされているからである。

なお、ミクロ的基礎は、「企業レベルのセンシング（感知）、シージング（活用）、リコンフィギュアリング（再構成）といった能力を支えるための特異なスキル、プロセス、手続き、組織構造、意思決定ルール、および規律」[39]と定義されるものであり、具体的には**図表6-3**のように表されている。

つまり、ミクロ的基礎には、「社内R&Dを推進し、新しい技術を選択するプロセス」「サプライヤーや補完者のイノベーションを活用するプロセス」「外部の科学や技術の発展を活用するプロセス」「ターゲットとする市場セグメント、変化する顧客ニーズ、カスタマーイノベーションを特定するプロセス」「意思決定プロトコルの選択」および、「分権化と準分解可能性」といったものが含まれている[40]。これらのプロセスはルーティンを中心に構成されていることから、ウィンター等の述べるようなより高次のルーティンに近い概念であると考えられる。

図表6-3◆ダイナミック・ケイパビリティにおけるミクロ的基礎

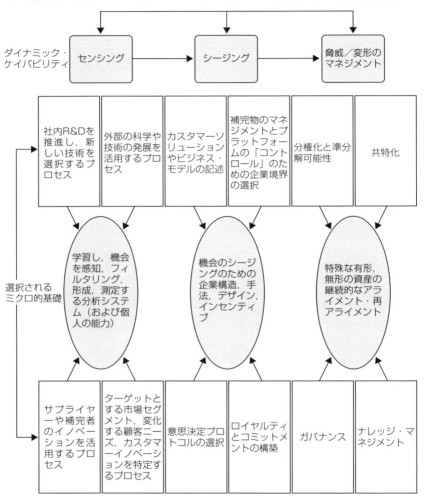

出所：Teece（2007），p.1342．

しかし，ティースのダイナミック・ケイパビリティ概念においては，前述のようにあくまで経営者の個人的知識がその中核をなしていると捉えられる。したがって，このようなミクロ的基礎としての組織的知識は，ダイナミック・ケイパビリティの構成要素ではあるが，あくまで企業家的精神としての経営者の暗黙的な個人的知識を補完的にサポートするものであると位置づけられるだろう[41]。

4 資源ベース論における知識概念の変遷

前節までに示したように，資源ベース論を知識という観点から見た場合，初期の資源ベース論から知識ベース論を経て，さらにダイナミック・ケイパビリティ論へ至るという理論進化のプロセスをたどってきたといえる。そのような理論進化のなかで，それぞれの局面（初期の資源ベース論，知識ベース論，ダイナミック・ケイパビリティ論）において着目される知識の概念がシフトしていくことになった。そして，着目される知識の概念がシフトした結果として，扱われる知識の性質も各局面において明らかに変化した。

それぞれの局面において注目されている知識とその性質について整理したものが図表6-4である。なお，図表中の「DC」は「ダイナミック・ケイパビリティ」のことを指している。以下，図表6-4を基礎として，初期の資源ベース論→知識ベース論→ダイナミック・ケイパビリティ論という理論進化に伴って，資源ベース論においていかなる知識が着目されることになったのか，そして，それらの知識はいかなる性質を有するものであるのかについて考察を行う。

図表6-4 ◆資源ベース論の理論進化における知識の変化

		着目される知識	保有主体	反復可能性（再生可能性）
初期の資源ベース論 Rumelt（1984） Dierickx and Cool（1989） Barney（1991）		専門的知識（技能・ノウハウ）	個　人 セクション	あ　り
知識ベース論 Grant（1991, 1996） Kogut and Zander（1992, 1996）		ケイパビリティ（ルーティン・プロセス）	組　織	あ　り
ダイナミック・ケイパビリティ論	Zollo and Winter（2002） Helfat（2007） DC	高次のルーティン	個　人（経営者）	あ　り
			組　織	
	Teece（2007, 2009） DC	企業家的精神	個　人（経営者）	な　し
		ミクロ的基礎	組　織	あ　り

出所：著者作成。

　まず，初期の資源ベース論においては，個々の技能やノウハウといった無形資源の1つとしての専門的知識が，他社からの模倣困難性を高めて企業に競争優位性をもたらすとされた。これらの専門的知識は，組織の構成要素である個人やセクションがそれぞれ有するものである。また，技能やノウハウといったものは，主に組織における人的資源が保有する個人的知識であると考えられるものの，（後述する企業家的精神などとは異なり）ある程度反復可能（再生可能）なものであったと考えられる。

　次のフェーズの知識ベース論と称される諸研究においては，そのような個人やセクションの保有する個々の専門的知識を統合して企業内の補完性を高めることが主張され，統合ケイパビリティなどとよばれる組織ケイパビリティを構築することが重視された。このフェーズにおいて，個々の知識から組織的知識へと視点がシフトしたといえる。ここでの組織ケイパビ

リティを構成する要素はルーティンやプロセスといったものであることから，そのような組織的知識には反復可能性（再生可能性）があるものと考えられる。

さらに，知識ベース論から理論進化したダイナミック・ケイパビリティ論においては，ダイナミック・ケイパビリティの構築が変化への適応をもたらすことで，企業の競争優位性が高まることが主張される。しかし，前節で述べたように各論者によってダイナミック・ケイパビリティの概念が異なることから，そこにおける知識の性質についてもそれぞれ異なることになる。

もし，ゾロ＝ウィンターやヘルファットのように，ダイナミック・ケイパビリティを「前フェーズの知識ベース論で扱われたようなルーティン自体を修正・変更するためのより高次のルーティン」であると捉えた場合には，それは組織的で反復可能（再生可能）な知識を意味していると考えられる。つまり，そのような見解をとった場合には，知識構築活動の範囲が企業外部まで拡大されるものの，ダイナミック・ケイパビリティ論において扱う知識の性質は前フェーズの知識ベース論と基本的には同じであるといえる。

なお，ゾロ＝ウィンターも複数のルーティンから特定のルーティンを選択するような局面については，経営者の知識というものが重要になってくると考えていると推察される。また，ヘルファットについても，前述のように，イノベーションや買収・提携にかかわる経営者の知識[42]について重視している。

しかしながら，これらのゾロ＝ウィンターやヘルファットのダイナミック・ケイパビリティにおいて考慮される経営者の知識は，暗黙的で反復不可能なものではなく，反復可能なものである。したがって，経営者個人が保有する知識ではあったとしても，それはあくまでルーティンの一部を構

成するようなものであると考えられる。

これに対して、ティースのように、ダイナミック・ケイパビリティの構成要素を経営者の企業家的精神とそれをサポートするミクロ的基礎と捉えた場合には、反復可能な組織的知識だけではなく、経営者の有する個人的で反復不可能な暗黙的知識についても論じることになる。そのため、もしティースのような見解をとった場合には、知識ベース論において焦点化されたような知識とはまったく異なる性質を有する知識についても扱うことになる。

したがって、資源ベース論は知識ベース論への理論進化に伴い、扱う知識を個々の知識から組織的知識へとシフトさせたが、ダイナミック・ケイパビリティ論にいたって再び個人的知識に着目する可能性を示すことになったということができる。ただし、このダイナミック・ケイパビリティ論で扱われる個人的知識は、とくに、ティースのような見解をとった場合には初期の資源ベース論で扱われたような個々の知識と大きく異なるものであり、より暗黙的な性質を帯びた反復不可能（再生不可能）な知識を意味しているのである。

✤注

1　Grant（1991, 1996）, Kogut and Zander（1992, 1996）などを指す。
2　Teece *et al.*（1997）, Zollo and Winter（2002）, Ander and Helfat（2003）, Teece（2007, 2009）, Helfat（2007）などを指す。
3　戦略論的性質への影響については、本書第7章第3節にて詳述する。
4　Wernerfelt（1984）, pp.172-175を参照。
5　Wernerfelt（1984）, p.171を参照。
　　企業をより広い資源の集合としてとらえる考え方はPenrose（1959）の研究まで遡るものであるが、Rubin（1973）を除いて、従来の研究においてはほとんど注目を受けていなかったことをワーナーフェルトは指摘している。
6　Wernerfelt（1984）, p.172.
7　Wernerfelt（1984）, p.172を参照。

8　Barney（1991），pp.105-106を参照。
9　Dierickx and Cool（1989），pp.1506-1509を参照。
10　Grant（1996），p.118.
11　Kogut and Zander（1996），p.505.
12　本書第5章第3節を参照。
13　本書第5章第4節を参照。
14　Prahalad and Hamel（1990），Conner（1991），Grant（1991, 1996），Stalk et al.（1992），Kogut and Zander（1992, 1996），Hamel and Prahalad（1994）などを指す。
15　本書第3章第2節を参照。
　　グラント自身も，知識ベース論を「企業を知的資産の集合と捉え，価値創造のためにそれらの資産を創造し活用する点から企業の役割を考える」（Grant 2002, p.176）研究として，資源ベース論と区別している。
16　Grant（1996），p.110.
17　Grant（1991），p.119.
18　Grant（1991），p.122.
19　Grant（1996），p.109を参照。
20　Ghoshal and Moran（1996），p.13.
21　Grant（1996），p.113.
22　Kogut and Zander（1992），p.383を参照。
23　Kogut and Zander（1992），pp.384-385を参照。
24　Kogut and Zander（1996），p.505.
25　Prahalad and Hamel（1990），p.82を参照。
26　本書第5章第5節を参照。
27　Leonard-Barton（1992, 1995）を参照。
28　本書第5章第6節を参照。
29　Teece et al.（1997），Zollo and Winter（2002），Ander and Helfat（2003），Teece（2007, 2009），Helfat（2007）などを指す。
30　Zollo and Winter（2002），p.340.
31　Winter（2003），p.991を参照。
32　Helfat（2007），p.1.
33　Helfat（2007），p.5.
34　Helfat（2007），p.5を参照。
35　Teece et al.（1997），Teece（2007）およびTeece（2009）を参照。
36　Teece（2009），p.104を参照。
37　Teece（2009），p.21.
38　Teece（2009），pp.21-22を参照。

39 Teece (2009), p.3.
40 Teece (2007), p.1342を参照。なお，当該図表における邦訳については，渡部直樹編著『ケイパビリティの組織論・戦略論』p.49に記載されている訳を参照している。
41 日本の情報産業および清酒製造業の経営者に対するインタビュー調査においても，ティースの見解と同様に，環境変化に適応するためには，経営者の企業家精神とそれをサポートする制度的取組みが求められているという見解が示された。なお，このインタビュー調査の詳細については，本書の補論を参照されたい。
42 ヘルファットは，これを「経営者のダイナミック・ケイパビリティ」（dynamic managerial capability）と称している（Helfat 2007, p.5を参照）。

第 **7** 章

資源ベース論の変容と理論進化の認識論的意義

1　資源ベース論の変容

　本章においては，資源ベース論の問題移動と理論進化の分析を行った第5章，さらにその理論進化を知識という観点から分析した第6章の内容を踏まえ，資源ベース論がいかに変容したのか，そして，そのような理論進化にいかなる認識論的意義があったのかを考察する。

　まず，第5章の分析をもとに，資源ベース論の着眼点と性格（志向性）がいかに変化したかについて明らかにする。さらに，第6章の分析をもとに，資源ベース論の理論進化のプロセスにおいて着目されてきた知識概念の変遷が，資源ベース論自体の戦略論としての性質にどのような影響を与えているのかを考察する。

　それらの考察を踏まえ，資源ベース論の理論進化の認識論的意義について述べ，科学的説明力の観点から問題移動における認識進歩について結論づける。

2　資源ベース論の着眼点と性格の変化

　第5章で分析したように，資源ベースの理論進化のプロセスにおいて，解決すべき問題はシフトしており，それに伴って暫定的解決としての理論も明らかに変化している。そして，この理論的な変化をもたらすきっかけとなったものが，第1の硬直化および第2の硬直化という批判的議論による誤り排除であった。

　硬直化を巡る資源ベース論の理論進化について，問題状況および理論の

変化について整理すると，**図表7-1**のようになっている。

　資源ベース論の理論進化のプロセスにおいて，個別資源強化の逆機能という第1の硬直化およびコア・ケイパビリティ強化の逆機能（コア・リジディティ）という第2の硬直化を巡って，問題状況がシフトしている。それは，「企業に優位性をもたらす内部要因とはなにか（第1フェーズ）」→「個別資源強化の逆機能を克服して企業に優位性をもたらす内部資源とはなにか（第2フェーズ）」→「コア・ケイパビリティ強化の逆機能を克服して企業に優位性をもたらす内部資源とはなにか（第3フェーズ）」という変化である。

　そして，このような問題状況の変化に伴い，その問題に対する暫定的解決である理論も，「企業特殊的な個別資源を強化するほど競争優位性が高まる（第1フェーズ）」→「企業特殊的なコア・ケイパビリティを強化するほど競争優位性が高まる（第2フェーズ）」→「企業特殊的なダイナミック・ケイパビリティを強化するほど競争優位性が高まる（第3フェーズ）」と変化している。

　このような資源ベース論の理論進化において，問題ならびに理論における着眼点はいかに変化したのか，そして，着眼点の変化に伴って資源ベース論の性格はいかに変容したのかについて考察したい。

　資源ベース論においては，問題移動ならびに理論の変化に伴い，着目する内部資源が変化しているといえる。まず，第1フェーズの理論では投入要素としての個別の有形資源・無形資源に焦点が当てられていた。これに対し，コア・ケイパビリティという内部資源に視点をシフトさせた第2フェーズでは，その関心は技術的・社会的な側面から企業の個別資源や活動間の補完性を高めるためのプロセスやケイパビリティといった組織的な無形資源へとシフトしていると考えられる。

　この第2フェーズにおいては，新たに提起された問題の解決となる組織

図表7-1 ◆資源ベース論における問題状況と理論の変化

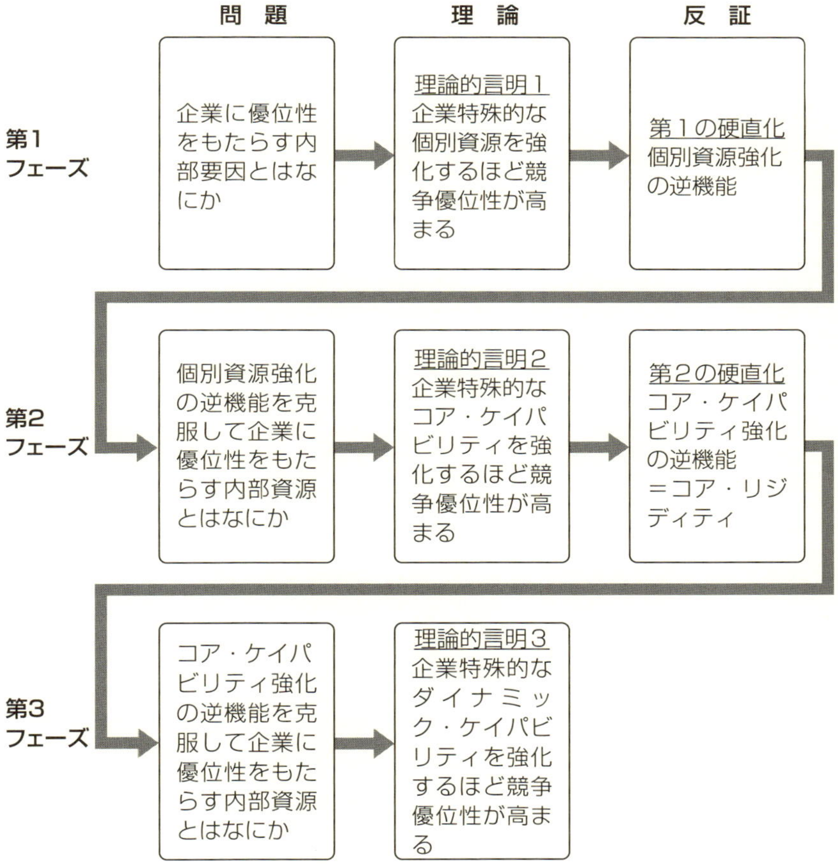

	問題	理論	反証
第1フェーズ	企業に優位性をもたらす内部要因とはなにか	理論的言明1 企業特殊的な個別資源を強化するほど競争優位性が高まる	第1の硬直化 個別資源強化の逆機能
第2フェーズ	個別資源強化の逆機能を克服して企業に優位性をもたらす内部資源とはなにか	理論的言明2 企業特殊的なコア・ケイパビリティを強化するほど競争優位性が高まる	第2の硬直化 コア・ケイパビリティ強化の逆機能＝コア・リジディティ
第3フェーズ	コア・ケイパビリティ強化の逆機能を克服して企業に優位性をもたらす内部資源とはなにか	理論的言明3 企業特殊的なダイナミック・ケイパビリティを強化するほど競争優位性が高まる	

出所：著者作成。

的な無形資源を強化するために「（集団的）学習」という概念が導入されているが，この「学習」が意味することは「企業内における技術的・社会的な知識の構築活動」であると考えられる。つまり，ここでは，ある程度反復可能な知識について組織内部で共有するという点が重視されていることが想定される。

さらに，第3フェーズでは，ダイナミック・ケイパビリティへと視点がシフトしたが，ここでは，経営者をはじめとする組織の知的な人的資源を用いて市場変化に適応することに大きな関心を有していると考えられる。このフェーズでは，コア・リジディティという問題を克服するために，市場での淘汰過程を考えるという進化論が導入されたという点が大きな特徴である。

　つまり，第3フェーズでも学習という概念については考慮されているものの，第3フェーズでは第2フェーズと異なり，「企業内における技術的・社会的知識の構築活動」ではなく，「エコ・システムにおける淘汰を考慮した進化過程」を通じた学習を考えているといえる。さらに，もしティースのような見解に基づいてダイナミック・ケイパビリティの概念を考えれば，組織的なルーティンを超えた経営者の企業家的精神がその中核をなしているといえる。そのような視点からは，この学習の中心にあるのは経営者の個人的な暗黙的知識といえるのである[1]。

　このように，資源ベース論は第2フェーズでは学習論，第3フェーズでは進化論という新たな視点を導入しながら，明示的な概念だけでなく，経営者の企業家的精神といったより暗黙的な概念について考慮することの重要性を示唆するものへと変化してきたということができる。

　さらに，このような問題移動に伴い，資源ベース論は外部要因重視の方向性を強めているということも指摘できる。外部環境分析を重視するポーターらのポジショニング・アプローチへの批判から生じ，企業内部における模倣困難な独自の資源こそが競争優位の源泉であると主張してきた資源ベース論は，従来，内部志向的な性格を強く有するものであった。しかし，第1フェーズから第3フェーズへとフェーズが移行するにつれて，企業の優位性を外部環境との関係から考察するという性格が強くなっていることがうかがえる。

とくに第3フェーズのティースらによるダイナミック・ケイパビリティ論では，外部志向性が強くみられる。もちろん，第3フェーズの理論が着目する「ダイナミック・ケイパビリティ」もあくまで組織内のルーティンや経営者の保有する資質と関連するため，企業内部に形成される要因と位置づけることが可能な概念である。しかし，ダイナミック・ケイパビリティ論の主張が，企業外部のエコ・システムに存在する資源やケイパビリティをコーディネートすることの重要性を強調するものであることから，資源ベース論は外部要因重視の方向性を帯びた主張へと向かったものと捉えられる。

なお，本書では，資源ベース論が，このようにそれぞれのフェーズで資源強化の逆機能である硬直化に直面し，この解決を目指して問題の探求に向かい，その結果，異なる解決すべき問題に到着したこと，そして，それによって理論の認識対象としての着眼点，すなわち理論的主張のシフトが起きたことを示してきた。この推移は，まさに理論進化レベルで起きたものである。

しかし，この過程と似たものは，現実の企業においても実際に見いだすことができる。つまり，経路依存的な企業努力とトライアル・アンド・エラーのプロセスを企業内で観察できるのである。このことは，ポパーが述べているような問題解決過程ならびにそれによって起きる問題移動が，いかに一般的な説明力をもっているのかを―ここでは，そのテスト可能性についての問題は論じないが―示すものといえる。

その一例として，花王株式会社（以下，花王）の取組みを挙げて，資源ベース論の理論進化との関係を考察したい。

花王は日本を代表する美容・健康・生活用品の製造企業である。現在，化粧品やスキンケア，ヘアケアなどの「ビューティケア」事業分野，健康機能性食品やサニタリー製品などの「ヒューマンヘルスケア」事業分野，

および衣料用洗剤や住居用洗剤などの「ファブリック＆ホームケア」事業分野において，一般消費者に向けたコンシューマープロダクツ事業を展開している。また「ケミカル」事業分野においては，産業界のニーズに対応した工業用製品の製造を行っている[2]。この花王における企業努力の変遷（企業制度の変遷）には，資源ベース論の理論進化の過程と非常に似たものが見いだせる。

花王の企業努力についての歴史は，同社が収益性向上のために行ってきた「TCR活動」と称する経営革新活動の段階によって，大きく4つに分類される。このそれぞれの段階における企業努力によって，花王の内部には企業独自の「強み」が構築され，それが同社の競争優位の源泉となってきた。花王が全社的に取り組んできた「TCR活動」[3]について，4つの段階とそこにおける経営革新の方向性を図示すると，**図表7-2**のようになっている。

まず，1986年にスタートした第1次TCR活動「Total Cost Reduction」は，直接的なコスト削減を目指した取組みであるとともに，効率的な分業体制のあり方を探ることが中心であった。このフェーズにおいては，「オモチャ箱方式」と称されるように，すべての業務の棚卸が行われるなど聖域なき全社コスト削減運動が実践された。

これによって，同じ業務を異なる部門で行っているなどの非効率な体制を改善し，個々の事業単位における効率的な業務のあり方が追求された。その結果，それぞれの事業単位ごとに部分最適が達成され，個別資源の蓄積が効率的に行われるようになったと考えられる。

その後，1990年代に入ると，それぞれの部門の部分最適と企業全体としての全体最適が合致しないという問題がクローズアップされた。そして，その解決のため，全体最適に向けた企業全体の仕組みややり方についての根本的な改革が行われた。このフェーズにおいては，第1次TCR活動が

図表7-2 ◆花王におけるTCR活動

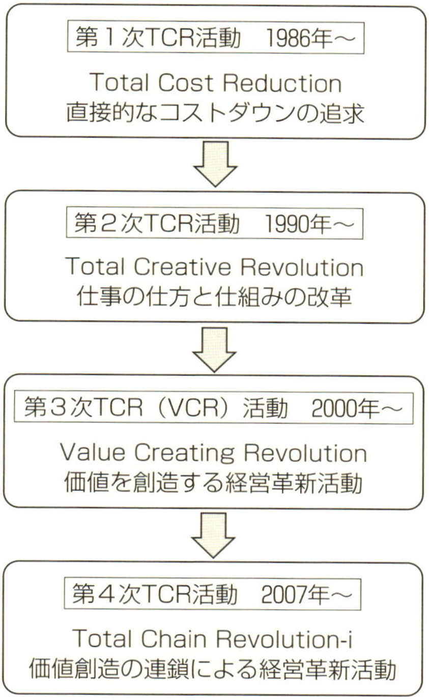

```
┌─────────────────────────┐
│  第1次TCR活動　1986年〜   │
│  Total Cost Reduction   │
│  直接的なコストダウンの追求 │
└─────────────────────────┘
            ↓
┌─────────────────────────┐
│  第2次TCR活動　1990年〜   │
│  Total Creative Revolution│
│  仕事の仕方と仕組みの改革  │
└─────────────────────────┘
            ↓
┌─────────────────────────┐
│ 第3次TCR（VCR）活動　2000年〜│
│  Value Creating Revolution│
│  価値を創造する経営革新活動 │
└─────────────────────────┘
            ↓
┌─────────────────────────┐
│  第4次TCR活動　2007年〜   │
│  Total Chain Revolution-i│
│ 価値創造の連鎖による経営革新活動│
└─────────────────────────┘
```

出所：花王株式会社ホームページ
(http://www.kao.com/jp/corp/index.html)

部門ごとの部分最適を目指すにとどまっていたことへの反省を受け，全体最適を達成するために部門同士が協力し合い，個別資源を活用して「ストレッチ＆ジャンプ」を行うための業務改革が行われた。

これが，全社的な組織運営や仕事の進め方などを根本的に見直し創造性を発揮する第2次TCR活動「Total Creative Revolution」である。ここにおいては，将来に向けたビジョンを描き，その夢や目標といったものを実現すべく飛躍をめざすための資源活用能力が，強みとして形成されていったのである。

この時期，花王では垂直統合を掲げ，原料の調達から，研究・商品開発，生産，物流，販売まで一貫して社内で行う全社一貫的なビジネス・プロセスが構築された。また，各部門においても，複数の事業に内部一貫的な整合性をもたせるような連携体制が構築された。

　たとえば，研究開発部門は，「多様性の融合」をキーワードに革新的な商品の創造に取り組んだ。具体的には，消費者の生活ニーズを背景に商品を設計し，技術を実用化する「商品開発研究」と，さまざまな領域の先端の科学技術を掘り下げ，物質や現象のしくみを解き明かす「基盤技術研究」が，相互に連携しながら研究が推進されたのである。その中で，プラスチックのボトルの成形に要する時間を半分にしたり，複雑なポンプ式容器の部品の数を減らしてコストを半減させるといった，「従来の常識を覆すような革新的な技術」[4]が生まれることになった。

　このような体制は研究開発の局面に留まらず，物流や販売の局面でも，全社一貫的なビジネス・プロセスの追求がなされた。物流においては，原材料を購入する段階から商品を顧客に届けるところまでを1つの流れとして捉えることで，品切れや在庫の低減を図った効率的な運営が推進された。また，販売の面では，価値ある商品やブランド，情報などを，販売店と協働して全国の消費者に送信する活動も行った。

　これらに加え，花王においては，事業本部が企業全体の一貫性を保持して競争力を構築するための役割を果たしていた。

　しかし，環境変化の中で企業が1社でできることには限界があり，さらに，企業努力の方向性は社内の事情に左右されやすいという問題もある。この問題を克服すべく，その後，企業内部だけでなく企業外部をも視野に入れた取り組みがなされるようになった。2000年からの第3次TCR（VCR）活動「Total Consumer Response（Value Creating Revolution）」および2007年からの第4次TCR活動「Total Chain Revolution-i」がそれである。

これらのフェーズにおいては,「変化と共に生きる風土」[5]を基礎とし,環境変化に対応すべく外部資源の活用を積極的に行うようなダイナミックな能力を独自の強みとして構築することが目指された。そして,「消費者」という原点に返り,デマンドチェーン,他社との協働やギブアンドテイク,共存共栄といった概念が重視されるようになった。

この時期の取組みとして,消費者との直接的な対話,取引企業との情報の共有化,同業者・関連学会・共同機関との共同研究などが挙げられる。このような学習体制によって,環境認識を拒まない能力の構築を目指したのである。

たとえば,花王のコア事業の1つであるケミカル事業は,オレオケミカル（油脂関連製品）,機能材料（界面活性剤）,スペシャルティ（情報材料,香料）の各分野で,中間原料としての化学製品を提供しているが,この市場においては顧客ニーズが激しく変化するという特徴が顕著である。そのなかで,花王は変化に対処すべく,生活者コミュニケーションセンターを活用するだけでなく,顧客企業や販売代理店と日常的な商談や定期的な情報交換会を通じてコミュニケーションに努めるほか,エクストラネット[6]を活用して情報の共有化を図っている。

さらに,近年は,製品に関わる法規制や安全性に関して,サプライチェーンを通した迅速な情報提供が求められている。そのため,JAMP[7]を利用し,顧客企業にもMSDSplus[8]などによる自主的な製品情報の提供を行う取組みを実施した。

このような取組みの結果として,企業外部に目を向け,市場環境の変化に柔軟に対応できるような能力が花王の内部に構築されていった。消費者の声を反映した「常識の返上」「発想の逆転」の結果として掃除用具らしくない掃除用具である「クイックルワイパーハンディ」の開発が行われたり,化粧品分野において購買意識の変化に伴う流通の変化などを踏まえた

事業の再構築[9]が迅速に行われたりしたことにも，このような能力の一端が垣間見える。

　したがって，花王における一連のTCR活動は，単なるコスト削減に留まらず，企業独自の内部資源を構築するための改革を行うものであった。そして，それらの企業努力は資源ベース論の各フェーズにおける理論的主張の内容と大きくかかわるものであったといえる。

　つまり，第1次TCR活動は資源ベース論の理論的言明1「企業特殊的な個別資源を強化するほど競争優位性が高まる」に，第2次TCR活動は資源ベース論の理論的言明2「企業特殊的なコア・ケイパビリティを強化するほど競争優位性が高まる」に，第3次TCR（VCR）活動および第4次TCR活動は資源ベース論の理論的言明3「企業特殊的なダイナミック・ケイパビリティを強化するほど競争優位性が高まる」にそれぞれ対応していると捉えることが可能であろう。

3　戦略論的性質への影響

　次に，資源ベース論のダイナミック・ケイパビリティ論にいたる理論進化が，戦略論的性質にどのような影響を与えているのかについて考察を行いたい。ここでは，とくに第6章で述べたような知識概念の変遷を踏まえて分析を行う。

　資源ベース論の祖とされるペンローズ（Penrose, E. T.）の研究をみる限り，ティースがダイナミック・ケイパビリティ論で主張しているような企業家的要素の重要性について，資源ベース論は潜在的に認識していたとみなすことができる。ペンローズは，企業を自律的な経営計画単位とみなしたうえで「（企業の）諸活動は相互に関係づけられ，経営者によって

コーディネートされる」[10]としているからである。

この記述から，彼女は企業が保有する有形資産・無形資産の重要性とともに経営者・企業家の役割[11]についても重大な関心を有していたことがうかがえる。さらにこのことは，ペンローズが，「ペンローズ効果」と称される概念[12]によって，企業成長の制約になるのは経営者の能力であることを主張していることからも支持されよう。

ペンローズが想定していた経営者の役割は，まさにティースの述べるような経営者（経営陣）の企業家的精神という概念に近いものであったといえる。実際，ティースもペンローズの研究をとり上げ，その功績として，彼女の研究がダイナミック・ケイパビリティに対して重要な着想をもたらしたことを述べている[13]。

このように，ダイナミック・ケイパビリティ概念の導入前から，資源ベース論と目される多くの研究は，経営者個人の暗黙的知識についての重要性を潜在的に認識していたと考えられる。しかしながら，ダイナミック・ケイパビリティ概念の導入前の研究においては，その企業家的精神（経営者能力）のもとで蓄積された反復可能でテスト可能な資源のみが理論的な説明の対象として論じられてきた[14]。

たとえば，企業家的レントを獲得することの重要性について述べているルメルトも，企業家的精神と個別資源との関係についてはほとんど論じていない[15]。彼は，個別資源の強化のような企業努力の結果として獲得できたものが企業家的レントであると捉えており，企業家自体の役割や能力といったものに言及した訳ではない。つまり，ルメルトの研究は企業家有する個人的知識と企業の優位性との関係を分析することを目的としていないのである。

資源ベース論が経営者の暗黙的な個人的知識の重要性を認識しながらも，理論としてはある程度反復可能（再生可能）な知識にのみ着目してきたの

は，資源ベース論が，実行可能なインプリケーションを実務家に提示する戦略論として発達してきたことと関連があるともいえよう。資源ベース論の当初の主張は，ポーターの5つの競争要因の観点が外部環境分析（業界構造分析）にいかに長けていたとしても，それぞれ異なる資源を持ち，それに規定された経路依存的な戦略しかとれない企業にとっては，実際に実行可能なインプリケーションとはならないというものであった。

つまり，資源ベース論は，企業に対して具体的な企業努力の方向性を示すことを目的として進化してきたともいえる。そのため，ポーターのポジショニング・アプローチへの批判的代替案として，経験的事実と理論を照らし合わせて議論することが可能な，反復可能（再生可能）な概念に着目することが求められていたと考えられる。

しかし，第1の硬直化および第2の硬直化という経験的事実をもとにした批判的議論を繰り返し，理論を進化させてきた結果，資源ベース論はダイナミック・ケイパビリティ論において経営者の企業家的精神という概念を扱うこととなった。つまり，ダイナミック・ケイパビリティ論へと進化した資源ベース論が企業に対して戦略的なインプリケーションを提示するためには，経営者の企業家的精神自体のメカニズムについて論じる必要が生じてきたのである。

しかし，この経営者の企業家的精神は，暗黙的で再生不可能な知識である。そのため，そのような知識とその成果である企業の優位性との関係についての主張がなされても，それを経験的にテストすることは不可能であるという問題が生じている。このことから，もしティースのような見解でダイナミック・ケイパビリティという概念を捉えるとしたならば，資源ベース論が今後，ポジショニング・アプローチの代替的理論の立場として，経験科学的な戦略論としての理論的進化を遂げることは困難であるといえよう。

4 理論進化の認識論的意義

　本章第2節と第3節の考察を踏まえ，資源ベース論の理論進化の認識論的意義を明らかにする。第2節の図表7-1において整理したように，資源ベース論は，ポジショニング・アプローチへの批判から生じた「企業に優位性をもたらす内部要因とはなにか」という問題を起点としている。また，その後の問題移動および理論進化のプロセスにおいては，第1の硬直化（個別資源強化の逆機能）および第2の硬直化（コア・リジディティ＝コア・ケイパビリティ強化の逆機能）という反証（誤り排除）に対し，新しい問題（P_2，P_3）およびそれに対応した理論が示されたが，いずれもその解のレベルを内部資源に求めている。これは何を意味するかを以下，述べてみる。

　まず，資源ベース論の各フェーズにおいて個々の問題状況は変化しているものの，第3フェーズにいたるまで「企業に優位性をもたらす内部要因とはなにか」という当初の問題の追及は続いていると考えられる。そして，この「企業に優位性をもたらす内部要因とはなにか」という問題に対する解である「企業特殊的な内部資源を強化するほど競争優位性が高まる」という主張自体も第3フェーズまで変化していない。

　したがって，本書でとり上げた第1フェーズから第3フェーズにいたるまでの理論は，明らかに共通の問題を扱っているといってよいだろう。このことから，この視点を共有している研究群については，「資源ベース論」という同一のアプローチ，またはパースペクティブとして位置づけてよいと考える。

　また，それぞれのフェーズで指摘された「硬直化」を巡って新しい問題

が提起され，それに伴う問題状況のシフトは学習論や進化論といった新しい観点を資源ベース論に導入させることにつながった。つまり，多様な論点をもつことが可能な，ある意味深い理論へと資源ベース論を変化させたということをもって，より実り多い問題移動がなされたと考えることも可能であろう。

しかし，第2章第4節で述べたように，認識論的に理論進化について評価するためには，そのような問題状況から生まれた理論について，その説明力もしくは経験内容—究極的には反証可能性（テスト可能性）に裏付けられる—がいかに変化したかを明らかにする必要がある。理論進化における問題移動の結果として，新理論が先行理論に比べて理論的に説明力が増大したものへと変化した場合に，またそれが経験的にも支持されているならば，その理論は進歩をしたといってよいからである。

資源ベース論の理論進化においては，「企業特殊的な個別資源を強化するほど競争優位性が高まる（第1フェーズ）」→「企業特殊的なコア・ケイパビリティを強化するほど競争優位性が高まる（第2フェーズ）」→「企業特殊的なダイナミック・ケイパビリティを強化するほど競争優位性が高まる（第3フェーズ）」と理論的言明が変化しているが，この進化プロセスにおける理論的言明の説明力（反証可能性）の変化はいかなるものかを以下，考察する。

ポパーによれば，理論の有する「普遍性」あるいは「精確性」が高まれば理論の有する潜在的反証者の諸集合が大きくなるため，反証可能性（テスト可能性）の度合いが増大するとされる[16]。普遍性は理論的言明の前件の変化にかかわる[17]ものであり，精確性は理論的言明の後件の変化にかかわる[18]ものである。

理論的言明1，理論的言明2，理論的言明3のそれぞれの言明においては，後件は「競争優位性が高まる」で変化していないが，前件が変化して

いる。このことから，まず，前件において変化した部分である「企業特殊的な内部資源」の内容（「企業特殊的な個別資源」→「企業特殊的なコア・ケイパビリティ」→「企業特殊的なダイナミック・ケイパビリティ」）について，理論的言明の普遍性を比較することが可能か否かという点について考えたい。

　前述のように，投入要素としての個別の有形資源・無形資源のみに着目した第1フェーズ，それらの個別資源間の内部補完性を高めるために組織的な無形資源に着目した第2フェーズ，さらに外部補完性や経営者の暗黙的知識まで考慮した第3フェーズ，というフェーズ・シフトを考えると，「内部資源」という概念はその意味する内容が明らかに増えており，内部資源の概念が拡大しているといえる（**図表7-3**を参照）。これは，一見すると，理論進化によって資源ベース論の理論的主張の普遍性が高まったことを意味するように思われるかもしれない。

　しかし，そのように内部資源の概念が拡大したことをもって，資源ベース論の理論進化において普遍性が増大したというのは早急であろう。なぜならば，それぞれの理論的言明の前件は，各フェーズで想定された「内部資源」の概念に含まれるものの一部について，特定の条件づけがなされていると解釈できるため，単純に「内部資源」に含まれるものの大きさの比較を行うことによっては，普遍性の増大あるいは減少について述べることはできないからである。

　一般に理論的言明間の普遍性の比較は，経験と対応する基礎言明つまり潜在的反証者のレベルで，あくまで当該理論的言明のそれぞれが部分集合の関係にある—より分かりやすくいえば同心円状にある—場合に論理的に可能となる。しかし，資源ベース論の理論進化におけるそれぞれのフェーズの理論においては，それぞれ前フェーズでは扱っていない新しい議論がなされている。

図表7-3 ◆内部資源の概念の拡大

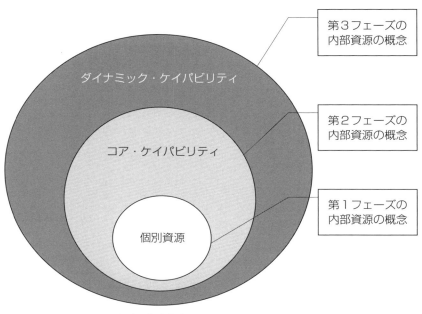

出所:著者作成。

 そのことから,各フェーズの理論はそれぞれ異なるレベルの基礎言明(潜在的反証者)の群と対応しているため,そのような理想的な部分集合関係にはあるとはいえないのである。したがって,資源ベース論の理論進化における各フェーズの理論的言明自体について,単純にその普遍性を比較することは困難であり,同時にその反証可能性(テスト可能性)についても明らかにすることはできない。

 では,何らかの観点から,それぞれの理論的言明の説明が論理的に妥当する範囲について比較することはできないのであろうか。ここでは,認識対象としてあくまで「個別資源」という概念に着目することによって,各フェーズの理論的言明が言い及ぶ範囲—つまり論理内容のレベル—での比

較が可能になると考え，これを1つの近似的な解決策として提示することとしたい。

それぞれのフェーズの理論において焦点化された「内部資源」は，すべて密接に「個別資源」という概念とかかわりを有している。そのため，もし，第2フェーズのコア・ケイパビリティや第3フェーズのダイナミック・ケイパビリティという前フェーズでは扱われていなかった概念を，あくまで便宜的にこれらの個別資源を取り扱うある種の用具のように捉え，いったん考慮の外に置くことができるならば，それぞれのフェーズの理論でとり扱われている「個別資源」の範囲について明確化し，それを比較することは可能だと考えられるからである。

先に示した各フェーズの理論的言明1，理論的言明2，理論的言明3について，あくまで「個別資源」の範囲に着目した言明として書き換えると，以下のようになる[19]。

第1フェーズ
　言明1a「すべての企業内部の特殊な個別資源が，
　　　　　企業の競争優位性を高める」

第2フェーズ
　言明2a「すべての内部補完性を有する企業内部の
　　　　　個別資源が，企業の競争優位性を高める」
　言明2b「コア・ケイパビリティの構築が内部補完
　　　　　性を有する企業内部の個別資源をもたらす」

> **第3フェーズ**
> 言明3a「すべての内部補完性および外部補完性を
> 　　　　有する企業内外の個別資源が，企業の競争
> 　　　　優位性を高める」
> 言明3b「ダイナミック・ケイパビリティの構築が
> 　　　　内部補完性および外部補完性を有する企業
> 　　　　内外の個別資源をもたらす」

　上記の言明1a，言明2a，言明3aの前項となっている「個別資源」の関係について図示すると，**図表7-4**のようになる。

図表7-4◆言明1a，言明2a，言明3aにおける優位性をもたらす「個別資源」の範囲

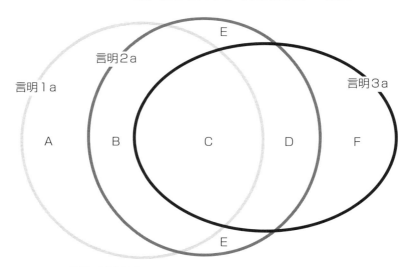

出所：著者作成。

まず，第1フェーズの理論では，企業内部の個人やセクションが有する特殊な個別資源（領域A，領域B，領域C）について，優位性をもたらすものとして扱っていた。しかし，第1の硬直化によって，そのような企業内部の特殊な個別資源がすべて企業に優位性をもたらすのではなく，内部補完性のない個別資源（領域A）は優位性をもたらさないという反駁がなされた。そのような反駁によって，第2フェーズの理論においては，第1フェーズの理論がとり扱っていた企業内部の特殊な個別資源のなかでも，とくに内部補完性のあるもの（領域B，領域C）のみを企業に優位性をもたらす個別資源としてとりあげることになったといえる。

ただし，第2フェーズにおいては，内部補完性のある企業内部の資源が企業に優位性をもたらすとしているため，個別資源自体の企業特殊性については問わない。したがって，第1フェーズでは含まれなかった「企業特殊性のない内部補完性のある企業内部の個別資源」（領域Eおよび領域D）も第2フェーズでは優位性をもたらすものとされることになる。

さらに，第2の硬直化によって，第2フェーズの理論において企業に優位性をもたらすものとされた内部補完性のある個別資源のなかでも，外部補完性のない個別資源（領域B，領域E）は優位性をもたらさないという反駁がなされた。そのような反駁によって，第3フェーズの理論においては第2フェーズで扱っていた個別資源のなかでもとくに外部補完性を有するもの（領域C，領域D）のみを企業に優位性をもたらす個別資源とすることとなった。

さらに，第3フェーズでは，内部資源だけでなく外部資源をもコーディネートすることの重要性が主張されることから，第2フェーズでは扱っていなかった企業外部に存在する個別資源をも扱うことになった。そのため，第3フェーズでは企業内部の資源と補完性を有する企業外部の個別資源（領域F）も企業に優位性をもたらすものとして含まれることになる。

図表7-4で示したAからFの各領域の個別資源の特性について，資源が企業内部に存在するか企業外部に存在するか，企業特殊性を有しているか，内部補完性・外部補完性を有しているか，という点から整理したものが**図表7-5**である。

図表7-5 ◆ 各領域の個別資源の特性

	企業内部 or 企業外部	企業特殊性	補完性	
			内部補完性	外部補完性
領域A	企業内部	○	×	×
領域B	企業内部	○	○	×
領域C	企業内部	○	○	○
領域D	企業内部	×	○	○
領域E	企業内部	×	○	×
領域F	企業外部	×	○	○

出所：著者作成。

　図表7-4で示したように，言明1a，言明2a，言明3aにおいて優位性をもたらす個別資源の範囲は異なっているが，その理論の及ぶ範囲を比較すると，以下のようなことがいえる。

　まず，言明2aにおいては，領域B，領域C，領域D，領域Eの個別資源については優位性をもたらすと説明しているが，言明2aの理論の及ぶ範囲は，それらの領域だけではない。なぜならば，言明2aは，領域Aの「（企業特殊的だが）内部補完性をもたない」個別資源については「優位性をもたらさない」ことを説明しているからである。

　つまり，言明2aは領域Aについては明確に排除しているため，言明2aの理論の及ぶ範囲は，言明1aによって説明されていた領域を含む領域A，領域B，領域C，領域D，領域Eとなっている。したがって，言明2aは言

第7章　資源ベース論の変容と理論進化の認識論的意義　*147*

明1aよりもその説明が妥当する論理的な範囲が増大しているといえる。

　また，言明3aにおいても，領域C，領域D，領域Fの個別資源については優位性をもたらすと説明しているが，言明3aの理論の及ぶ範囲は，それらの領域だけではない。言明3aも領域A，領域B，領域Eの「外部補完性をもたない個別資源」については「優位性をもたらさない」ことを説明しているからである。

　つまり，言明3aは領域Aに加えて領域B，領域Eについても明確に排除しているため，言明3aの理論の及ぶ範囲は，言明1aおよび言明2aによって説明されていた領域を含む領域A，領域B，領域C，領域D，領域E，領域Fとなっている。したがって，言明3aは言明2aと比較して，その説明が妥当する論理的な範囲が増大しているといえる。

　このように，もし各フェーズの理論的言明において部分的に「言明1a→言明2a→言明3a」という理論進化のみを考えた場合，その説明が妥当する論理的な範囲は明らかに増大している。しかしながら，上述の考察はあくまでそれぞれのフェーズの理論の一部の言明（言明1a，言明2a，言明3a）のみを抽出し，その説明力が論理的に及ぶ可能性のある「個別資源」の範囲について比較を行ったものである。

　第2フェーズおよび第3フェーズの理論的言明は，それぞれコア・ケイパビリティとダイナミック・ケイパビリティという前フェーズにはなかった新たな概念をとり入れたことから，説明に対して特定の条件が付されている（言明2bおよび言明3bが連言されている）。そのため，言明2bと言明3bの存在が，各フェーズの理論的言明の説明が妥当する論理的な（個別資源の）範囲にも影響を与えることになる。

　このことについて，言明2aと言明2bとの関係，および言明3aと言明3bとの関係に着目して，それぞれ考察を行いたい。

　まず，第2フェーズの言明2b「コア・ケイパビリティの構築が内部補

完性を有する企業内部の個別資源をもたらす」については，論理的内容といえるその説明の及ぶ個別資源の範囲は言明2aと変わらない（**図表7-6**を参照）。

図表7-6◆言明2aと言明2bの説明の及ぶ「個別資源」の論理的範囲

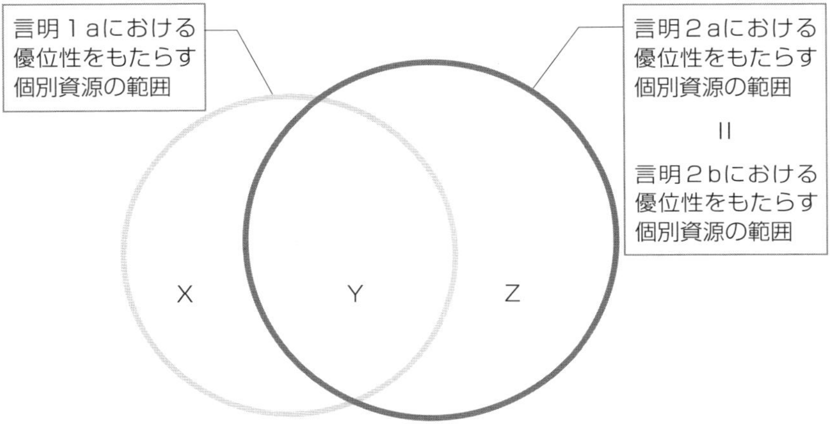

言明1aにおける優位性をもたらす個別資源の範囲

言明2aにおける優位性をもたらす個別資源の範囲
＝
言明2bにおける優位性をもたらす個別資源の範囲

X　Y　Z

出所：著者作成。

なぜならば，言明2bは「コア・ケイパビリティを構築しなかった場合には内部補完性を有する企業内部の個別資源がもたらされない」ことをも主張しており，そのことから，言明2aが主張する「内部補完性を有する企業内部の個別資源」が，言明2bの説明の及ぶ個別資源と同様の範囲にあると考えられるからである。

以上の論理的範囲についての議論の適切性は，第2フェーズの代表的論者であるハメル＝プラハラッドの記述からも推察される。彼等は，「最も重要なのは，コア・コンピタンスの構築と育成によってしか，トップ・マネジメントは企業の存続を保証できないということである」[20]との見解を明らかにしているのである。

もっとも，プラハラッド＝ハメルは上記の見解を示したものと同じ文献において，「すべてのコア・コンピタンスは競争優位の源泉であるが，すべての競争優位がコア・コンピタンスであるわけではない」[21]とも述べている。しかし，彼等のこのような記述は，上記の見解と矛盾するものではないだろう。

　なぜならば，彼等は，コア・コンピタンスを有していない企業が偶然によって一時的に優位性を獲得できることがあると認めつつも，（ある程度中長期的に捉えた場合には，）企業は競争優位構築のために結局はコア・コンピタンスの構築によって内部補完性を高めることが不可欠だと主張していると解釈できるからである。そのため，ハメル＝プラハラッドのこのような見解は，個別資源の観点から書き換えられた言明において，企業がコア・ケイパビリティを構築しなかった場合における「内部補完性を有する企業内部の個別資源」がもたらされる可能性を否定することになると考えられる。

　したがって，言明2aの説明の及ぶ個別資源の範囲は言明2bが連言されることによっても変化しないことから，（言明2aと言明2bの連言である）理論的言明2の説明が妥当する個別資源の範囲は，図表7-6の2つの円で囲まれた全領域（領域X，領域Y，領域Z）となる。そのため，理論的言明2の説明が妥当する個別資源の範囲（領域X，領域Y，領域Z）は，理論的言明1の説明が妥当する個別資源の範囲（領域X，領域Y）よりも拡大しているといえる。

　つまり，図表7-6において，理論的言明1は領域Xおよび領域Yの個別資源について企業の競争優位性を高めることを主張していたが，理論的言明2はそのうちの領域Xについては内部補完性がないために企業の競争優位性を高めず，領域Yのみが内部補完性を有するために企業の競争優位性を高めることを明確にしている。さらに，理論的言明1においては何らの

説明が行われていなかった領域Zについても，企業の競争優位性を高めることを説明しているのである。

これに対し，第3フェーズの言明3b「ダイナミック・ケイパビリティの構築が内部補完性および外部補完性を有する企業内外の個別資源をもたらす」については，その説明の及ぶ個別資源の範囲は言明3aと異なっており，連言することにより範囲を限定することになる（**図表7-7を参照**）。

なぜならば，言明3bは「ダイナミック・ケイパビリティを構築しなかった場合」の説明を行っていないからである。このことの根拠としては，たとえば，ダイナミック・ケイパビリティ論の論者の1人であるウィンター自身の指摘が挙げられる。彼は，ダイナミック・ケイパビリティを構築することが環境変化に適応するための最良の方法であるとは限らないことを記述している[22]。

このようなウィンターの指摘は，企業がダイナミック・ケイパビリティを構築しなかった場合でも内部補完性および外部補完性を有する企業内外の個別資源がもたらされる可能性について，示唆していると考えられる。そのような可能性の1つとして，ウィンターは，人件費をベースとした多くの投資コストを必要とするダイナミック・ケイパビリティを構築するよりも，よりコストのかからないアド・ホックな問題解決の方法を用いて環境に適応した方がよい場合もあることを述べている[23]。

つまり，言明3bは，「ダイナミック・ケイパビリティを構築しなかった場合には内部補完性および外部補完性を有する企業内外の個別資源がもたらされない」とはいっていないと解釈できる。そのため，第3フェーズの理論的言明3「企業特殊的なダイナミック・ケイパビリティを強化するほど競争優位性が高まる」によっては，企業特殊的なダイナミック・ケイパビリティの構築を行わなかった場合の「内部補完性および外部補完性を有する企業内外の個別資源」については，何ら説明が行われないことにな

図表7-7 ◆ 言明3aと言明3bの説明の及ぶ「個別資源」の論理的範囲

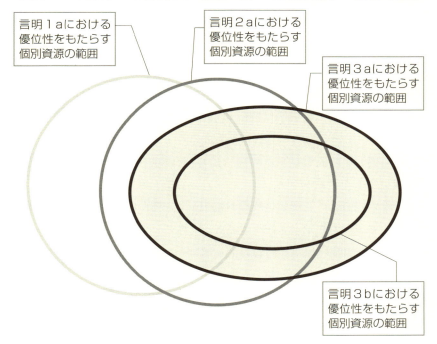

出所：著者作成。

る。

　図表7-7において，言明3aの説明の及ぶ個別資源の範囲は円で囲まれた全領域である。しかし，言明3bの説明の及ぶ個別資源の範囲はそのうちの一部であり，言明3bが連言されることによって，「ダイナミック・ケイパビリティを構築しなかったにもかかわらずもたらされた内部補完性および外部補完性を有する企業内外の個別資源」（図表7-7の網掛け部分）については説明されないことになる。

　したがって，（言明3aと言明3bの連言である）理論的言明3の説明の及ぶ個別資源の範囲は，言明3aの説明の及ぶ個別資源の範囲よりも限定

されることになる。そのため，理論的言明2と比較して理論的言明3の説明が妥当する個別資源の範囲が拡大しているとはいえない。

以上の考察から，（個別資源の観点から書き換えた）資源ベース論の理論進化について，以下のことがいえる。

まず，理論的言明2は理論的言明1と比較すると，個別資源という観点からみれば明らかに論理的説明の妥当する範囲が拡大している。これは，理論的言明1において誤っていたことについてなぜ誤っているかを説明できるとともに，理論的言明1で説明できなかったことについても説明が可能になったことを意味する。

そのため，理論的言明2は理論的言明1と比較して，あくまで論理的にではあるが説明力の増大を認めることができるのではないかと考える。したがって，理論的言明1から理論的言明2への理論進化には，近似的ではあるが認識進歩をみることができるといってもよいだろう。

しかし，第3フェーズにおいて新たにとり入れられたダイナミック・ケイパビリティという概念は，理論的言明の説明の及ぶ論理的範囲を限定するものであった。このことから，理論的言明3は理論的言明2と比較して，個別資源という観点からみても論理的説明の妥当する範囲が拡大したとはいえない。

そのため，理論的言明3は理論的言明2よりも経験内容や情報内容が増えたとはいえず，論理的内容から，説明力の増大について明確に述べることはできないと考える。したがって，そのような理論的言明2から理論的言明3への理論進化には，認識進歩を見出すことはできない。

なお，各理論的言明の説明の及ぶ論理的範囲の比較については，あくまで各理論的言明を「個別資源」というレベルで比較したことで可能となったものであり，理論的言明1，理論的言明2，理論的言明3は異なる基礎言明を考えているため，本来，潜在的反証者のクラスの比較によってのみ

第7章 資源ベース論の変容と理論進化の認識論的意義　153

行うことができる経験内容（つまり普遍性や精確性）の比較が行えないことは前述のとおりである。

それに加えて，そもそも，ダイナミック・ケイパビリティ論への理論進化は，資源ベース論の反駁可能性そのものを低下させ，精確性や普遍性というものを議論すること自体を困難にさせているという可能性も存在している。なぜならば，ダイナミック・ケイパビリティ論以前の資源ベース論においては理論的な説明の対象としていなかった主観的知識について，ダイナミック・ケイパビリティ論は企業の優位性を説明する（競争優位の源泉となる）概念として扱う可能性があるからである。そのため，資源ベース論はダイナミック・ケイパビリティ論へと進化することで，経験科学としての性格が著しく弱められたともいえる。

たとえば，前述のように，ダイナミック・ケイパビリティ論の第一人者であるティースの見解に従えば，企業の競争優位性を高めると主張されるダイナミック・ケイパビリティの核となっているものは，組織的なルーティンを超えた企業家的精神としての経営者個人の能力であるとされる。このティースが重視するような企業家的精神は，あくまで経営者の個人的知識であり反復不可能（再生不可能）で暗黙的な性質を有するものである。そのため，そのような知識は，第2章第2節で述べたようなポパーによる世界3論において，世界3に属するものではなく世界2の住人とされるようなものであると考えられる。

ある条件が満たされれば必ずこのような事象が生じるというように，ある程度の反復可能性がいえるものでなければ，経験と照らし合わせてその妥当性を考えることはできない。しかし，ティースのようなダイナミック・ケイパビリティ論では，オーケストレーションといった概念を提示しているものの，経営者がどのような基準でオーケストレーションするかといったことが示されていない。

そのため，経営者の企業家的精神といっても，それがいかなるものを指すのかが明確化されておらず，結局は「環境に適応できていれば経営者の企業家的精神があったのだろう」というトートロジーにも陥りかねない。つまり，人間の主観的世界に属する（世界２の住人である）経営者の個人的知識と企業の優位性との関係については，経験に裏付けられた間主観的な批判的議論を行うことがきわめて難しいため，経験的テスト自体が困難であるといえる。

したがって，ティースのようなダイナミック・ケイパビリティ論の主張においては，企業内外の補完性実現の問題を企業家的精神というものに帰着してしまった結果として，経験によるテストが事実上不可能となっているといえる。さらにいえば，ティースはそのような企業家の個人的知識をダイナミック・ケイパビリティの中心として扱っていることから，客観的な世界（世界３）を主観的な世界（世界２）に還元させているとも考えられる。

このことから，ティースのような見解を採用した場合，ダイナミック・ケイパビリティ論においては，理論的主張に対する経験的な反駁可能性がより脆弱なものになっているといえる。そして，そのような反駁可能性の低い理論については，その理論の普遍性や精確性という点について明確化すること自体が不可能となっていると考えられる。

以上の考察から，次のような結論が導出される。

資源ベース論の各フェーズの理論については，論理的説明が及ぶ個別資源の範囲という観点から近似的な比較を行った場合，第１フェーズから第２フェーズへの進化においてはある程度の認識進歩がなされたと考えられなくはないが，第２フェーズから第３フェーズへの進化においては，認識進歩をみることができない。結果として，個別資源という観点から理論的言明を書き換えた場合において，ダイナミック・ケイパビリティ論への資

源ベース論の理論進化は，進歩と規定することはできない。

　また，個別資源という概念を用いて言明を書き換えない状態では各フェーズの理論的言明同士の普遍性・精確性あるいは理論の及ぶ範囲といったものの比較を行うことができないものの，そもそも，ダイナミック・ケイパビリティ論への理論進化によって，理論の反駁可能性自体が低下しているということが明らかになった。

　このことから，資源ベース論のダイナミック・ケイパビリティ論にいたる理論進化において，科学的理論としての認識進歩をみることはできなかったと考えられる。

❖注
1　本書第6章第3節を参照。
2　花王株式会社ホームページ（http://www.kao.com/jp/corp/index.html）を参照。
3　以下の花王のTCR活動についての記述は，常盤（1999），pp.154-166および花王株式会社ホームページ（http://www.kao.com/jp/corp/index.html）を参照。
4　常盤（1999），p.160.
5　常盤（1999），p.162.
6　エクストラネットとは，複数の企業間でイントラネットを相互接続したネットワークを意味する。
7　JAMPは，アーティクル（部品や成形品などの別称）が含有する化学物質情報を適切に管理しサプライチェーンのなかで円滑に開示・伝達するための業界横断的な活動推進主体として，2006年9月に発足した。なお，JAMPとは「Joint Article Management Promotion-consortium」の略称である。
8　MSDSplusとは，JAMPが推奨する製品含有化学物質情報を伝達するための基本的な情報伝達シートを意味する。
9　花王ソフィーナおよびカネボウ化粧品がともに得意分野としてきた2,000円から5,000円までの中価格帯商品市場の縮小傾向が甚だしくなっている。花王株式会社は，このような環境変化に伴う市場判断を受け，従来のようにテレビCMなどを行いながらカウンセリングを行うというビジネス・モデルはもはや機能しにくくなりつつあるとの認識を行った。
　そのため，今後は，比較的堅調に推移している低価格帯のセルフ化粧品分野

と，高価格帯のカウンセリング化粧品分野の二極化が一層進行すると予想し，そこにフォーカスしたうえで，「ブランド力の強化」「流通チャネルごとの販売力の強化」および「花王ソフィーナ・カネボウ化粧品の連携強化」などを柱とした目標に沿って，事業活動を推進していくことを新たに意思決定した。

10　Penrose（1959），p.15.
11　ペンローズは，経営者・企業家の役割として，とくに企業家的精神とリーダーシップに着目している。
12　企業成長に必要な人的資源は企業特殊的であり，企業内での利用可能性によって制約を受ける。この経営能力は無限かつ意識的に拡張することができない。そのため，企業が拡大するためには，高位の人的資源の新規採用・開発が追加的に求められる。したがって，ある点を超えると，効率性の現行水準は企業規模の変化率に応じて下がる。これをペンローズ効果とよぶ。
13　Teece（2009），p.117-119を参照。
14　その意味で，ペンローズやワーナーフェルトの研究を「資源ベース論」の祖としながらも，資源ベース論の源流となる研究としてバーニーやルメルトといった論者を位置付けることには大きな意味がある。
15　Rumelt（1987），pp.142-144を参照。
16　Popper（1959），pp.105-107を参照。
17　たとえば「すべての惑星の軌道は円である」から「すべての天体の軌道は円である」へと理論的言明が変化した場合には，普遍性が増大している。
18　たとえば，「すべての天体の軌道は楕円である」から「すべての天体の軌道は円である」へと理論的言明が変化した場合には，精確性が増大している。
19　第2フェーズと第3フェーズにおいては，それぞれ，言明2aと言明2b，言明3aと言明3bの連言となっている。
20　Hamel and Prahalad（1994），p.202.
21　Hamel and Prahalad（1994），p.208.
22　Winter（2003），pp.992-993を参照。
23　Winter（2003），p.993を参照。

第 **8** 章

資源ベース論の理論進化についての総括と展望

1 総括

　以上，批判的合理主義を基礎とした認識論的枠組みを用いて資源ベース論を問題移動という観点から再構成し，資源ベース論の理論的進化とその意義について明らかにしてきた。以下に，各章を簡潔にまとめながら結論を述べる。

　まず，**第2章**では，本研究における認識論的視点について明確化した。とくに，ポパーの研究を基礎として，世界3という概念について明らかにするとともに，その世界3の住人である理論（的言明）の性格について述べた。

　ポパーは，物的対象の世界である世界1，人間の主観的経験の世界である世界2とは別に，人間精神の産物の世界を世界3とよんでいる。この3つの世界は，世界3は世界2に，世界2は世界1にそれぞれ還元することはできないという意味で閉じた体系であるが，世界2を通じて互いに交流することができるという意味で開かれた関係となっている。そして，世界3の実在性は，その自律性とその帰結として起こる「意図せざる結果」，ならびに世界2を通じての世界1との交流と相互作用によって明らかにできる。

　とくに世界3の住人である理論が，その自律性によってたどるダーウィン主義的な進化プロセスは，「推測と反駁」の概念として示すことが可能である。つまり，ポパーの見解によれば，推測された理論が経験的なテストによって反駁されることによって，理論は進化していく。

　そして，そのような批判的テストのプロセスを経て，問題移動が生じることになる。本書においては，そのような認識進歩のモデルを基礎とした

理論進化の過程で，理論が特定の（核となるような）問題を共有し続けている場合には，それらの一連の理論を1つのアプローチとして解釈することができるという見解をとっている。また，理論進化について評価するにあたり，問題移動の結果として，新理論が先行理論に比べ理論的にも経験的にも説明力が増大したものへと変化した場合に，その理論は進歩をしたといえることを示した。

続く**第3章**においては，フォス等，ヘルファット＝ペテラフ，グラント，ティースといった「資源ベース論」という研究領域について言及している論者の研究を先行研究としてとり上げ，それらの先行研究の問題点を明らかにした。それによって，問題移動という観点から第2章で述べた「推測と反駁」という概念を踏まえて資源ベース論を再構成する意義について示した。

まず，先行研究においては，資源ベース論という用語の意味するところやそこに含まれる研究の範囲が論者によって異なっていることがわかった。そのような状況が生じたのは，先行研究はたしかに「資源ベース論は何か」ということについて論じているものの，具体的には，目的や分析単位，分析方法といった各論者がそれぞれ重要であると考えるものに着目して諸研究をアド・ホックに整理・分類したためである。

つまり，先行研究においては，そのようなアド・ホックな整理の結果として，「資源ベース論」というカテゴリーに分類されると考えられる研究が示されたに過ぎない。そのような整理や分類には首尾一貫した枠組みが存在しないことから，先行研究が行っている分析には論者の恣意性が介入しやすいという問題がある。

このような問題点を踏まえ，第3章では，（ポパーが批判したような無限後退を招く無意味な本質主義的議論に陥らないためには）先行研究が行ってきたような恣意的な整理や分類を行うだけではなく，首尾一貫した

枠組みのなかで資源ベース論を分析することが不可欠であることを示した。そのうえで，本稿は，資源ベース論の分析において問題主義ともいえる立場をとることを明確にした。具体的には，第2章において述べたポパーによって示された「推測と反駁」の概念を前提とした認識進歩のモデルに基づき，問題状況ならびにその移動に着目して資源ベース論の再構成を行うのである。

　第4章においては，資源ベース論の再構成を行うにあたり，その理論進化のプロセスにおいて大変重要な役割を果たしている「硬直化」という概念をとりあげた。そして，経路依存性，慣性といった，硬直化に関連する概念を踏まえながら分析を行った。

　まず，硬直化を導く経路依存性はそれ自体非合理的なものではなく，すべての制度が有していることから，その経路依存性の逆機能である硬直化もまた，すべての制度に存在していることを明らかにした。経済主体は自らの直面している不確実性に対する解決策として意図的に制度を構築して経路依存的な行動をとる。そのため，経済主体の行動は特定の方向に向けて制約を受ける。これについては「慣性」という概念が用いられることが多いが，慣性は組織を構成する個人レベルやセクションレベル，あるいは組織レベルといった，さまざまなレベルで生じる。

　しかし，企業あるいはその構成要素の意思決定において慣性が生じて一定の方向に固定されていくと，経路依存性の逆機能による「意図せざる結果」が不可避的に生じることになる。このことは，たとえばレビット＝マーチによる「コンピテンシーの罠」のような現象として指摘されている。また，企業におけるそのような現象を具体的に示すものとして，クリステンセンの「イノベーターのジレンマ」やレイナーの「戦略のパラドックス」といったものが挙げられる。

　そのような経路依存性の逆機能こそが，本書が着目している「硬直化」

という現象である。資源ベース論の理論的主張は企業内部の特定の経営資源に固執して強化することを示唆するものであることから，その理論的主張が示唆する企業努力は，経路依存的に制度を構築し，それを強化していくという側面が非常に強調されることになる。そのため，資源ベース論は客観的には経路依存性の逆機能という硬直化の問題を常に内包することになる。

世界3の住人である理論や制度は，いったん作られるとその作り手の意図を離れて世界3のなかで自律的に変化する。しかし，その過程で現実世界である世界1と大きなかかわりをもつことも事実である。

とくに，企業における制度（世界3）は，それを運用する実務家の視点（世界2）を通して，現実の企業行動（世界1）に影響を与える。一方，現実の企業行動が硬直化による優位性喪失という意図せざる結果をもたらした場合には，経営者などの判断を通して再び制度が変化することも考えられる。資源ベース論は，そのような実務家による制度変化の背景にある批判的議論やそこから生じた問題，そして，それを踏まえて新たに示された理論的主張というものを明確化（理論化）している研究であると位置づけられる。

このように考えると，「硬直化」という概念には，現実の企業における硬直化による優位性喪失という「世界1（物的世界）レベルの硬直化」と，それを受けた批判的議論としての「世界3（理論）レベルの硬直化」という2つのレベルの硬直化が存在しているといえる。そのことから，実務レベルの議論を超え，認識論的な議論という視点に立つと，この「世界3レベルの硬直化」という批判的議論が行われることによってはじめて，現行の理論が反証されて新たな問題設定の必要性が生じ，問題状況がシフトすることになる。

したがって，認識進歩のモデルによる理論進化の過程において，硬直化

は問題解決のための理論（暫定的解決）に対する反証（誤り排除）として位置づけられる。そのため，硬直化は「意図せざる結果」であるとともに，認識進歩のモデルに基づく理論進化のプロセスにおいて，進化のための重要な推進力となっていると考えられるのである。

　第2章から第4章までの内容を踏まえ，**第5章**では，資源ベース論の問題移動と理論進化を分析した。ここでは，問題状況の移動という観点から3つのフェーズに分けることによって，資源ベース論の理論進化が明らかになることを示した。

　資源ベースの理論進化のプロセスにおいて，解決すべき問題ならびにその暫定的解決としての理論は明らかに変化している。そして，この理論的な変化をもたらすきっかけとなったものが，第1の硬直化および第2の硬直化という批判的議論による誤り排除であった。硬直化を巡る資源ベース論の理論進化について，問題状況と理論の変化を整理すると，以下のようになる。

　まず，第1フェーズにおいては，ポジショニング・アプローチへの批判から生じた「企業に優位性をもたらす内部要因とはなにか」という問題に対して，ルメルトやバーニーといった論者によって，「企業特殊的な個別資源を強化するほど競争優位性が高まる」という理論的言明1が暫定的解決として示された。

　この第1フェーズの暫定的解決に対する誤り排除（反証）として，「第1の硬直化」がプラハラッドとハメルによって指摘された。これは，個別資源を獲得しようとする組織メンバーの努力があまりに狭い範囲に焦点が絞られ過ぎている場合には，優位性喪失の可能性が生じるという「個別資源強化の逆機能」についての批判的議論である。

　第1の硬直化の指摘を受け，資源ベース論は「個別資源強化の逆機能を克服して企業に優位性をもたらす内部資源とはなにか」という新たな問題

を設定し，それを解決すべく第2フェーズへと移行した。その問題に対して，グラント，プラハラッド＝ハメル，ストーク等，コグート＝ザンダーといった論者によってコア・ケイパビリティの概念が新しく示され，「企業特殊的なコア・ケイパビリティを強化するほど競争優位性が高まる」という理論的言明2が暫定的解決として示された。第2フェーズの研究は，企業内部の個別資源間・活動間の内部補完性を高めるような企業独自の技術的システム，スキル，および経営システムの集合であるコア・ケイパビリティを，組織内の集団的学習によって強化することを主張した点で共通する。

　この第2フェーズの理論的言明2に対する反証が，レオナルド・バートンによるコア・リジディティの指摘である。つまり，過去の成功を生み出し競争優位の源泉となっていたコア・ケイパビリティは，柔軟性を失ってイノベーションを阻害するというダウン・サイドを有しているという「コア・ケイパビリティ強化の逆機能」についての批判的議論であり，これが第2の硬直化である。

　第2の硬直化の指摘を受け，資源ベース論はさらに「コア・ケイパビリティ強化の逆機能を克服して企業に優位性をもたらす内部資源とはなにか」という新たな問題を設定し，それを解決すべく第3フェーズへと移行した。第3フェーズにおける新しい問題に対する暫定的解決として，ティース，ゾロ＝ウィンター，ヘルファットといった論者によってダイナミック・ケイパビリティ論が展開された。これらの研究は，進化論を導入し，環境変化に適応するためにケイパビリティ自体を修正・更新する能力であるダイナミック・ケイパビリティに着目したものであり，「企業特殊的なダイナミック・ケイパビリティを強化するほど競争優位性が高まる」という理論的言明3としてその主張を示すことができる。

　第6章においては，第5章で明らかにした資源ベース論の理論進化のプ

第8章 資源ベース論の理論進化についての総括と展望　**165**

ロセスを踏まえながら,「知識」という観点から資源ベース論を分析した。資源ベース論は第2フェーズの研究の一部分として知識ベース論を生み出し,そこから企業家的知識にかかわるダイナミック・ケイパビリティ論が示されるにいたったことから,資源ベース論の理論進化においてはつねに知識の問題が根底にあったと考えられる。

　初期の資源ベース論が知識ベース論を経てダイナミック・ケイパビリティ論へと進化していくプロセスにおいて,企業の優位性との関係からつねに知識という問題が考えられてきたが,着目される知識の概念は理論進化とともにシフトし,その結果,扱われる知識の性質も明らかに変化している。それぞれのフェーズにおいて,いかなる知識が着目されてきたかを分析すると,以下のことが明らかになった。

　初期の資源ベース論から知識ベース論への進化おいて,それぞれの従業員やセクションが有する技能やノウハウとしての個々の知識から,それらを統合する組織ケイパビリティとしての組織的知識に焦点がシフトした。しかし,ダイナミック・ケイパビリティ論へのさらなる進化によって,経営者能力という問題が考慮されるようになり,再び個人的知識への着目がなされるようになった。しかし,この個人的知識は(ティースのような見解をとった場合には)企業家的精神としての暗黙的知識を含むものである。それが含まれる場合は,その対象となるものは反復不可能なものとなる。

　以上のことを別言すると,着目されている知識は,「反復可能な個々の知識(初期の資源ベース論)」→「反復可能な組織的知識(知識ベース論)」→「反復可能な組織的知識＋反復不可能な経営者の個人的知識[1]（ダイナミック・ケイパビリティ論)」と変化していると考えられる

　以上の分析をもとに,**第7章**においては,資源ベース論の変容について明らかにするとともに,それが戦略論としての性質に与えた影響と,理論進化の認識論的意義について考察を行った。

まず，理論進化に伴い，資源ベース論は新たな概念をとり入れながら着目する内部資源を変化させている。つまり，資源ベース論は第2フェーズでは学習論，第3フェーズでは進化論という視点を導入しながら，明示的な概念だけでなく，より暗黙的な概念についても考慮することの重要性を示唆するものへと変化してきたといえる。さらに，このような着眼点の変化に伴い，本来内部志向的だった資源ベース論は企業の優位性を外部環境との関係から考察するという性格が強くなり，外部志向性を帯びたものになったということも指摘できる。

また，資源ベース論のダイナミック・ケイパビリティ論にいたる理論進化が戦略論的性質に与えた影響は以下のとおりである。

資源ベース論は，その祖とされるペンローズの研究から，ティースがダイナミック・ケイパビリティ論で主張しているような企業家的要素の重要性については潜在的に認識していた。しかし，企業に対して具体的な企業努力の方向性としてのインプリケーションを示すことを目的とし，理論としては反復可能（再生可能）な知識にのみ焦点を当ててきた。

それにもかかわらず，理論進化の結果，ダイナミック・ケイパビリティ論においては，暗黙的で再生不可能な知識である経営者の企業家的精神自体と企業の優位性との関係を扱うこととなった。そのような知識と企業の優位性との関係についての主張については，それを経験的に反駁することは不可能であることから，ティースのようにダイナミック・ケイパビリティという概念を捉えるとしたら，資源ベース論が今後，戦略論としての理論的進化を遂げることは困難である。

理論進化の認識論的意義については，以下のとおりである。

まず，資源ベース論の各フェーズにおいて個々の問題状況は変化しているものの，第1フェーズから第3フェーズにいたるまでの理論は，明らかに「企業に優位性をもたらす内部要因とはなにか」という問題を共有して

いるものであり，各フェーズにおいて列挙した研究群はすべて，「資源ベース論」という1つのアプローチとして位置づけてよいと考える。

また，そのような問題状況のシフトは，多様な論点をもつことが可能な，ある意味深い理論へと資源ベース論を変化させた。そのことから，より実り多い問題へと移動がなされたと考えることも可能であろう。

最後に，理論的言明の変化における認識進歩について，いくつかの視点から考察を行った。

まず，理論進化において，「内部資源」という概念の意味する内容が増えており，内部資源の概念が拡大しているといえる。しかし，それぞれのフェーズの理論的言明は異なる集合に属する潜在的反証者を有していることから，3つのフェーズを通した一貫した反証可能性の比較はきわめて難しい。ただし，もし「個別資源」に着目して各言明を書き換えれば，理論的言明の説明が論理的に妥当する範囲について明確化し比較することは可能である。

そのような観点から近似的な解決として，個別資源に着目して理論的言明が言い及ぶ範囲について比較を行った結果，第1フェーズから第2フェーズへの進化においては言い及ぶ範囲が拡大しており，論理的なレベルでの説明力も高まっていることから，ある程度認識進歩がなされたといえた。しかし，第2フェーズから第3フェーズへの進化においては言い及ぶ範囲が拡大したとはいえず，認識進歩をみることができなかった。

結果として，個別資源という観点から理論的言明を書き換えた場合において，ダイナミック・ケイパビリティ論への資源ベース論の理論進化は，進歩と規定することができない。また，そもそも，ダイナミック・ケイパビリティ論への理論進化によって，テスト可能な領域が狭まる可能性が生じていることから，理論の反駁可能性自体が低下しているということが明らかになった。このことから，資源ベース論のダイナミック・ケイパビリ

ティ論にいたる理論進化において，科学的理論としての認識進歩をみることはできなかったと結論づけられる。

2 展望と補足

　資源ベース論の理論進化において，第3フェーズの暫定的解決として提示されたダイナミック・ケイパビリティの研究に対しては，いくつかの批判的な指摘はなされている[2]ものの，現在のところ明確な誤り排除はなされていない。しかしながら，資源ベース論はいまだ理論進化の途上であり，第3フェーズとして提示したダイナミック・ケイパビリティについての議論もあくまで暫定的に示された理論であると指摘できる。

　もしダイナミック・ケイパビリティの研究についての誤り排除がなされれば，再び問題状況が変化し，さらなるフェーズへの移行が促されることになるだろう。もちろん，資源ベース論が第3フェーズ以降へとシフトしていく際に，従来の「企業に優位性をもたらす内部要因とはなにか」という問題の追及が続行されず，企業の内部要因への着目を特徴としてきた「資源ベース論」という名称にふさわしいものでなくなる可能性も十分に考え得る。

　最後に，資源ベース論の理論進化に関して，哲学的（形而上学的）理論についての批判的議論という点から若干の補足を行う。

　批判的合理主義は，経験科学的理論のみを対象とすると考えられがちであるが，決してそうではない。ポパーの基本的なスタンスは可謬主義にあり，そのような考え方を特徴的に示せるものとして経験科学的理論に焦点を当てたものである。したがって，非経験的な哲学的（形而上学的）理論を排除しようとしたものではない。

資源ベース論は企業に競争優位性をもたらす内部要因を特定することを意図し，実際の企業事例に裏付けられた経験的テストによる反証を繰り返して理論進化してきたといえる。しかし，著者は，資源ベース論の第3フェーズであるダイナミック・ケイパビリティ論において，経験科学的側面だけでなく哲学的側面について批判的議論を行う余地があるのではないかと考えている。

　ダイナミック・ケイパビリティ論の代表的論者であるティースは，ダイナミック・ケイパビリティは企業家的精神とミクロ的基礎から構成されるとしている。このダイナミック・ケイパビリティの核とされる企業家的精神については，哲学的な議論を行うことでさらなる認識進歩を目指すことが可能なのではなかろうか。

　なぜならば，ミクロ的基礎については経験科学的に議論することが可能である一方で，企業家的精神は形而上学的性格を帯びていることから，経験科学的な議論が困難だからである。したがって，ミクロ的基礎について経験科学的理論としてより一層の精緻化を行うだけでなく，企業家的精神については哲学的理論として議論を深めることも必要なのではないかと考える次第である。

　誌面の都合もあり，今後解決すべき問題や考察すべき点を多々残しているが，本研究による問題移動という観点からのモデル化により，資源ベース論の理論的整理のための新たな枠組みを提供することができたと自負している。また，資源ベース論の各フェーズに位置づけられる理論群のそれぞれの意義とともに限界を示すことで，新たな問題に光をあてることができたと考えている。

注

1 ただし，ゾロ＝ウィンターのような見解をとった場合は，経営者能力についてもあくまで反復可能なルーティンとして捉えられる。
2 たとえば，ヘルファットは，（ゾロ＝ウィンターの定義のように進化論的に）ダイナミック・ケイパビリティを企業が反復的に生み出すパターン化した組織行動からなると捉えれば，ダイナミック・ケイパビリティはかならずしも企業のパフォーマンスを改善するとは限らないと指摘する。つまり，彼等は進化論的視点がもたらす偶然性の視点を資源ベース論に導入したことに伴って生じた問題について述べている（Helfat 2007, p.3を参照）。

補　章

コア・リジディティおよびダイナミック・ケイパビリティについてのインタビュー調査

1 企業調査の意義

　本書における研究はいわゆる学説史という範疇に入るものであり，具体的には資源ベース論といわれる一連の諸理論に対して，あくまでメタレベルの視点から分析を試みるものである。つまり，本書の第2章第2節で述べたポパーの世界3論で示されるような，世界3（人間精神の産物の世界）の住人とされる理論自体を研究の対象としている。したがって，世界1（事物の世界）の住人ともいえる実際の企業，ならびに経営者の行動に対する実地調査そのものは，当該の研究にとっては決して軸となるものではない。

　しかしながら，著者は，本書のような研究にとっても，現実の企業の実態についての調査は，少なからぬ意義を持つと考えている。なぜならば，第2章第2節で示したように，理論（世界3）と現実の企業行動（世界1）は，これらの状況に関わる個々人の主観的世界（世界2）を通じて相互作用しているからである。まさに，世界1，2，3は，互いに影響を与えあい，開かれた関係になっている。そのため，実地調査という観点から学説史の研究を進めることは，理論のより深い理解を可能にさせるという点で，非常に実り多い方法であると考えられる。

　資源ベース論の諸研究は，経験科学的な理論体系をめざしながら，実際の企業に対して戦略的インプリケーションを与えるということを目的として，実践に深くかかわる領域で発展してきた。つまり，現実の実務的な戦略の形成やその実行に密接に関わっている資源ベース論の経験科学的な性格を鑑みると，現実の企業や経営者の行動について考察を行うことは，理論進化を分析する上で大きな助けとなると思われる。このことは，第4章

第4節において示した企業における制度変化と資源ベース論の理論進化とのかかわりからも理解されるであろう。つまり，資源ベース論が実務家の行動にインスパイアされて形成されると同時に，実務家も資源ベース論の戦略的インプリケーションに影響を受けて行動しているという状況も多く存在すると考えられる。

資源ベース論の研究プログラムにおいては，いったん特定の領域における独自のコア・ケイパビリティを構築して競争優位を獲得し，それを強化し続けていたにもかかわらず，優位性を喪失するという現象が指摘されている。これは，本書では「第2の硬直化」として第5章第5節において詳述したものであり，その代表的なものがレオナルド・バートンによって示されたコア・リジディティ概念である[1]。

このコア・リジディティの概念は，企業がコアとなるケイパビリティを構築するために行う学習のメカニズム自体に硬直化が生じることを主張したもので，従来の資源ベース論の流れにおける，特定のコア・ケイパビリティの構築とその強化が持続的な競争優位をもたらすという主張に大きな転換を生じさせるものであった。このコア・リジディティ（第2の硬直化）に対する解として，資源ベース論はより外部志向性の強いダイナミック・ケイパビリティという概念を示すことになったからである。

なお，ダイナミック・ケイパビリティの研究においては，ティース，ゾロ＝ウィンター，ヘルファットといった論者が代表的である[2]。彼等の見解については，本書の第5章第6節および第6章第3節において詳述している。

典型的な製造業に属する企業については，コア・ケイパビリティのコア・リジディティへの変容やダイナミック・ケイパビリティ構築といった点についての事例研究が進んでいる。しかし，典型的な製造業以外の企業については，それらの企業の持つ資源やケイパビリティの特定化が必ずし

補　章　コア・リジディティおよびダイナミック・ケイパビリティについてのインタビュー調査　*175*

も明確にできないためか，事例研究がそれほど多く行われていない状況にある。

　このような状況を踏まえ，著者は，「コア・ケイパビリティのコア・リジディティへの変容」と「ダイナミック・ケイパビリティ構築」という点に焦点をあて，情報産業および清酒製造業という，これまで事例研究があまり行われてこなかった分野においてインタビュー調査を実施した。本インタビュー調査の中で焦点化される上記の2つのトピックスは，本書において考察を行った資源ベース論における重要問題であり，資源ベース論のより多角的な理解のための助けになると考えられる。これらの事例研究は，あくまで本書で行われている学説史研究のための補助的研究であるため，そこでは理論，ならびに理論進化との関連についての考察が行われた[3]。

2　インタビュー調査の対象

　当インタビュー調査の対象は，以下の2名である。それぞれのインタビュー調査の時期と場所，およびインタビュー対象者の所属企業の概要について記載する。

　なお，インタビュー対象者の肩書はインタビュー日現在のものである。福山義人氏は2009年9月30日付で記載の役職を退任されている。また，記載の会社情報は，原則として2009年12月16日現在のホームページ情報に基づくが，CSKホールディングス株式会社の従業員数は2009年3月31日現在のものである。

① **福山義人 氏**（株式会社CSKホールディングス 代表取締役社長）
　インタビュー日：2008年12月8日（月）

インタビュー場所：株式会社CSKホールディングス本社
　　　　　　　（〒107-0062 東京都港区南青山2-26-1　CSK青山ビル）

＜株式会社CSKホールディングス＞
設立：1968年10月
資本金：96,225百万円
株式市場：東京証券取引所市場第一部上場（証券コード：9737）
従業員数：10,756名（連結）
事業内容：情報サービス事業，プリペイドカード事業，証券事業，
　　　　　金融サービス事業，グリーンサービス事業

②　　櫻井武寛 氏（株式会社一ノ蔵　代表取締役会長）
インタビュー日：2008年12月25日（木）
インタビュー場所：株式会社一ノ蔵本社
　　　　　　　（〒987-1393 宮城県大崎市松山千石字大欅14）

＜株式会社一ノ蔵＞
設立：1973年1月
資本金：150百万円
従業員数：160名（関連会社含む）
事業内容：清酒製造業

3　インタビュー内容の概要

　コア・ケイパビリティのコア・リジディティへの変容，およびダイナミック・ケイパビリティ構築という問題についての両氏の見解を，それぞ

れ概説する。

(1) コア・ケイパビリティのコア・リジディティへの変容

① 福山義人 氏（株式会社CSKホールディングス 代表取締役社長）

CSKホールディングスにおいて，エンジニアは顧客にとって何がプラスなのかをつねに考えて行動している。経営サイドから収益を上げることだけを強調し，それを前面に出してしまうと，顧客のニーズに応えるという重要な面が犠牲になってしまうことがある。たとえ収益の面からだけではやめた方が良いと思われても，経営者は現在の顧客のニーズを第1に考えて続ける場合もある。「苦しいけれど（顧客のために）最後までやり抜く」という従業員（エンジニア）のマインドが強みとなると考える。

しかし，変化するマーケットに対応するためには大局を見据えて組織を変革することが求められる。上記のような個々のエンジニアの持つ強みの追求が，逆にマーケット全体の変化に対応できないような状況を作り出す可能性がある。とくに，情報の業界では，従来の技術に取って替わる新しい技術が日々登場している。しかし，エンジニアは職人気質の文化の中で業務を遂行しているため，自分が長い経験の中で身につけたものをいったん否定して新しい知識体系を一から身につけることが難しい傾向がある。

② 櫻井武寛 氏（株式会社一ノ蔵 代表取締役会長）

既存の制度がずっと続くと盲信し，それに基づいて強みを強化する努力を続けていた場合には，その制度が変化すると従来の強みを喪失することになる。

かつて，日本では日本酒に関して級別制度が適用されていた。当該制度において特級・1級と認められるためには級別審査での承認が必要であり，

特級・1級と認定された日本酒は高額な価格で取引されていた。他の酒造メーカーはこの級別制度において高い級数を獲得することで独自性を出そうとしていた。

物事は（顧客のニーズに照らして）間違った方向には続かない。級別制度のような顧客が疑問を抱く制度は、いずれなくなると推察できた。他の酒造メーカーはこのような既存の制度に全く疑問を抱かず、その制度を前提とした独自性のみを追求していた。そのため、実際に当該制度が撤廃されたときに、他のアルコール飲料を扱う企業を含めた競争者に対し、強みを失って失敗に陥った。

これに対し、一ノ蔵は、政府によって等級審査がなされるこの級別制度自体に疑問を抱き、それに挑戦し、新しい市場を開拓した。具体的には、一ノ蔵はいずれ級別制度が撤廃されるだろうことも考慮し、同じ日本酒を2つにわけ、一方は審査を受けて1級とし、他方は審査を受ければ1級となるような品質の良い日本酒であるにもかかわらず無鑑査として2級で市場に安く投入した。これにより、消費者にはその無鑑査の2級の日本酒が品質的には優れたものだと認知され、大きな売り上げを記録した。同時に、級別制度が撤廃された後も「特別なおいしい日本酒を安く提供している」という点で一ノ蔵の強みとなり、上述の他の酒造メーカーに対する優位性の源泉となった。

(2) ダイナミック・ケイパビリティ構築

① 福山義人 氏（株式会社CSKホールディングス 代表取締役社長）

情報産業においては、従来の技術が新しい技術に取って替わる際には、徐々にその需要が減少する傾向がある。誰が見ても供給より需要が少ないという状態になれば、「明らかにマーケットにおいて（その技術が）不必

要である」と認識することができるが，この状態になってしまっては手遅れである。したがって，CSKホールディングスでは「このままでは供給過多になってしまう」と認識できた段階で変革に向けた行動を起こすことが重要と考えている。

　エンジニアには職人気質の傾向があるため，経営陣が中心になり，マーケティング担当者・セールス担当者とともにデータや顧客との対話を参考に方向転換を決めている。この際には，少し現場（技術自体）から離れた人材の方が大局的な変化に気付きやすいため，彼らの話を聞いた上で，つねにいくつかの仮説を用意し，それらを考慮しながら，いかに変化を素早くつかめるかに留意している。

　意思決定の場で経営陣の賛成と反対が50％ずつになってから方向転換しては手遅れであることから，CSKホールディングスにおいては，賛成35％，反対65％の時点で行動を起こすことにしている。もちろん経験に基づいて考え今までの延長線上に組織の道筋があると考える人も必要だが，やはり新しい方向への転換を行うことも不可欠である。

　なお，トップ・マネジメントが手堅くなると一般従業員も総じて保守的になる傾向がある。そのため，トップ・マネジメントにはリスクテイカーであることが求められる。また，リスクテイクの風土を形成するため，加点主義的な制度も採用している。

② **櫻井武寛 氏**（株式会社一ノ蔵 代表取締役会長）

　近年の酒造業界は，売上高および生産量の減少が続き，厳しい状況にある。その中で，一ノ蔵は売上高を大きく増加させてきている。この成功は，現状肯定的にならず，変化を捉え積極的にニーズを作り上げる力がもたらしたものである。これは，前述の級別制度への挑戦，他の酒類への参入，6次産業の試みといった戦略的行動に具現化されている。

成功するためには変化を捉えていかなければならないが，そこにおいては「いつ」および「いつまで」という両面を考慮しなければならない。理想（ビジョン）を明確化したうえで，段階を追って問題を克服していくことが成功をもたらすと考える。

　たとえば，戦争によって米が不足して昭和18年に日本酒にアルコールを入れることが認められ，戦後はさらにアルコール混入量を高めて生産量増加，コスト低減を目指すという流れが続いた。このような流れの中で，市場がまだ出来上がっていないのにいきなり純米酒だけを生産するような先走った例は失敗につながる。まずは品質の良い本醸造によって市場を作ってから純米酒を投入するような工夫が必要である。

　さらに，日本酒業界は複雑な市場で，スタンダードになり得るものがない。また，組織力ではスーパー等にかなわない。そのような中で，重要なのは千差万別なニーズを作り上げる力である。当社では，「ひめぜん」や「すず音」といった今までにない味の日本酒を開発し，ニーズを作り上げた。なお，ここには「顧客のニーズに振り回されてはだめ」という教訓も含まれている。

　「ひめぜん」は20数社の酒造メーカーの共同開発ネットワークであるSRNで開発された。たまたま開発された低アルコールの技術を用いて，アルコールに弱い人でも飲めるような日本酒として商品化した。また，「すず音」はこの「ひめぜん」をさらに発酵させたものである。当社は名門酒会（全国約2000店の小売店の会）による販売を行っているが，このような新製品を開発した場合は，まず，宮城県の限定マーケットに投入して市場の反応を観察してから，全国展開について意思決定している。

4 考　察

　福山氏ならびに櫻井氏へのインタビュー調査をとおして，両業界においても，企業の持つ従来の強みが環境変化によって弱みに変容するという，レオナルド・バートンが指摘したコア・リジディティの現象が生じる可能性があることがわかった。たとえば，情報産業における技術の変化，および清酒製造業における制度の変化といった環境変化にあたり，従来の価値観のもとで既存の強みに固執することは競争優位の喪失を招くことを両氏は指摘している。

　また，両社において，優位性を維持するために環境変化に適応するためのダイナミック・ケイパビリティが必要とされていることがわかった。ダイナミック・ケイパビリティを構成するものとして，両社ともに経営者（経営陣）の企業家的精神が重要と考えられていた。また，それをサポートするために，意思決定，評価，製品開発といった点におけるさまざまな制度的取り組みが行われていることが明らかになった。

　両氏の見解は，ダイナミック・ケイパビリティとして，反復可能な知識であるルーティンだけでなく，それを超えた経営者の個人的で暗黙的な知識が必要であることを示すものである。これは，ダイナミック・ケイパビリティ論の中でも，ルーティン化できない企業家的精神がダイナミック・ケイパビリティの核であるとするティースの主張と一致するものと考えてよいだろう。

注

1 Leonard-Barton（1992, 1995）を参照。
2 Teece *et al*.（1997），Zollo and Winter（2002），Ander and Helfat（2003），Teece（2007, 2009），Helfat（2007）を参照。
3 当調査は，立正大学産業経営研究所 平成20年度研究プロジェクト助成によって行われた著者の個人研究である。オリジナルについては，永野（2010b）を参照されたい。

参考文献

Abernathy, W., K. B. Clark, and A. M. Kantrow (1983), *Industrial Renaissance*, Basic Books.
Adner, R. and C. E. Helfat (2003), "Corporate effects and dynamic managerial capabilities," *Strategic Management Journal* 24 (10), pp.1011-1025
Alchian, A. A. (1950), "Uncertainty, Evolution, and Economic Theory," *Journal of Political Economy* 58 (3), pp.211-221.
Alchian, A. A. and Woodward, S. (1988), "The Firm Is Dead; Long Live The Firm: A Review of Oliver E. Williamson's The Economic Institutions of Capitalism," *Journal of Economic Literature* 26 (1), pp.65-79.
Amit, R. and P. J. H. Schoemaker (1993), "Strategic Assets and Organizational Rent," *Strategic Management Journal* 14 (1), pp.33-46.
Anthony, S. D., M. W. Johnson, J. V. Sinfield, E. J. Altman (2008), The Innovator's *Guide to Growth: Putting Disruptive Innovation to Work*, Harvard Business School Press.(栗原潔訳 (2008)『イノベーションへの解 実践編』翔泳社)
Aoki, M. (2001), *Towards a Comparative Institutional Analysis*, Massachusetts Institute of Technology.(瀧澤弘和, 谷口和弘訳 (2001)『比較制度分析に向けて』NTT出版)
Argyris, C. (1993), *Knowledge for Action: A Guide to Overcoming Barriers to Organizational Change*, Jossey-Bass.
Argyris, C. and D. A. Schön (1978), *Organizational Learning: A Theory of Action Perspective*, Addison-Wesley.
Baden-Fuller, C. and J. M. Stopford (1994), *Rejuvenating the Mature Business*, Harvard Business School Press.(石倉洋子訳 (1996)『成熟企業の復活』文眞堂)
Barney, J. B. (1986), "Strategic Factor Markets: Expectations, Luck, and Business Strategy," *Management Science* 32 (10), pp.1231-1241.
Barney, J. B. (1991), "Firm Resourses and Sustained Competitive Advantage," *Journal of Management* 17 (1), pp.99-120.
Barney, J. B. (2002), *Gaining and Sustaining Competitive Advantage*, 2nd edition, Prentice Hall.(岡田正大訳 (2003)『企業戦略論―競争優位の構築と持続―』ダイヤモンド社)
Barney, J. B. and W. S. Hesterly (2006), *Strategic Management and Competitive*

Advantage: Concepts and Cases, Pearson / Prentice Hall.
Bartlett, C. A. and S. Ghoshal (1997), *The Individualized Corporation*, Harper Collins.（グロービス・マネジメント・インスティテュート訳 (1999)『個を活かす企業―自己変革を続ける組織の条件―』ダイヤモンド社）
Boeker, W. (1989), "Strategic Change: The Effects of Founding and History," *Academy of Management Journal* 32 (3), pp.489-515.
Boulding, K. E. (1968), *Beyond Economics, Esseys on Society, Religion, and Ethics*, University of Michigan Press.（公文俊平訳 (1975)『経済学を超えて』学習研究社）
Burgelman, R. A. (2002), *Strategy Is Destiny*, The Free Press.（石橋善一郎, 宇田理監訳 (2006)『インテルの戦略―企業変貌を実現した戦略形成プロセス―』ダイヤモンド社）
Carlssom, S. A. (2001), "Knowledge Management in Network Contexts," *Global Co-operation in the New Millennium: The 9th European Conference on Information Systems*, pp.616-627.
Chandler, A. D. (1992), "Organizational Capabilities and the Economic History of the Industrial Enterprise," *Journal of Economic Perspectives* 6 (3), pp.79-100.
Christensen, C. M. (1997), *The Innovator's Dilemma*, Harvard Business School Press.（玉田俊平太監修, 伊豆原弓訳 (2001)『イノベーションのジレンマ』翔泳社）
Christensen, C. M. and M .E. Raynor (2003), *The Innovator's Solution*, Harvard Business School Press.（玉田俊平太監修, 櫻井祐子訳 (2003)『イノベーションへの解』翔泳社）
Ciborra, C. U. and R. Andreu (2001), "Sharing knowledge across boundaries," *Journal of Information Technology* 16 (2), pp.73-81.
Clark, K. B. and T. Fujimoto (1991), *Product Development Performance: Strategy, Organization, and Management in the World Auto Industry*, Harvard Business School Press.（田村明比古訳 (2009)『【増補版】製品開発力―自動車産業の「組織能力」と「競争力」の研究―』ダイヤモンド社）
Coase, R. H. (1937), "The nature of the firm," *economica* 4 (16), pp.386-405.
Collis, D. J. and C. A. Montgomery (1995), "Competing on resources: Strategy in the 1990s," *Harvard business review* 73 (4), pp.118-128.
Collis, D. J. and C. A. Montgomery (1998), *Corporate Strategy: A Resource-Based Approach*, McGraw-Hill Companies, Inc.（根来龍之, 蛭田啓, 久保亮一訳 (2004)『資源ベースの経営戦略論』東洋経済新報社）
Conner, K. R. (1991), "A Historical Comparison of Resource-based Theory and Five Schools of Thought within Industrial Organization Economics: Do We

Have a New Theory of the Firm?," *Journal of Management* 17 (1), pp.121-154.
Conner, K. R. and Prahalad, C.K. (1996), "A Resource-Based Theory of the Firm: Knowledge versus Opportunism," *Organization Science* 7 (5), pp.477-501.
Crossan, M. M., H. W. Lane, and R. E. White (1999), "An Organizational Learning Framework: From Intuition to Institution," *Academy of Management Review* 24 (3), pp.522-537.
Cyert, R. M. and J. G. March (1963), *A Behavioral Theory of the Firm*, Prentice-Hall.（松田武彦監訳，井上恒夫訳（1967）『企業の行動理論』ダイヤモンド社）
Davenport, T. H. and L. Prusak (1998), *Working Knowledge,* Harvard Business School Press.（梅本勝博訳（2000）『ワーキング・ナレッジ』生産性出版）
Dierickx, I. and K. Cool (1989), "Asset Stock Accumulation and Sustainability of Competitive Advantage," *Management Science* 35 (12), pp.1504-1511.
Dimaggio, P. J. and W. W. Powell (1983), "The Iron Cage Revisited: Institutional Isomorphism and Collective Rationality in Organizational Fields," *American Sociological Review* 48 (2), pp.147-160.
Eisenhardt, K. M. and Maetin, J. A. (2000), "Dynamic Capabilities: What Are They?," *Strategic Management Journal* 21 (11), pp.1105-1121.
Foss, K., N. J. Foss, G. P. Klein, and S. K. Klein (2005), "Austrian Capital Theory and the Link Between Entrepreneurship and the Theory of the Firm," *CKG Working Paper*, Copenhagen Business School.
Foss, N. J. (2005) "The Resource-based View as an Instance of Scientific Progress in Strategic Management," *SMG Working Paper*, Copenhagen Business School.
Foss, N. J. (2005), *Strategy, Economic Organization, and The Knowledge Economy: The Coordination of Firms and Resources*, Oxford University Press.
Foss, N. J. and P. G. Klein (2004), "Entrepreneurship and the Economic Theory of the Firm: Any Gains from Trade," *CKG Working* Paper, Copenhagen Business School.
Foss, N. J. and P. G. Klein eds. (2002), *Entrepreneurship and the Firm: Austrian Perspective on Economic Organization*, Edward Elgar.
Foss, N. J. and T. Knudsen (2002), "The Resource-based Tangle: Towards Sustainable Explanation of Competitive Advantage," *Managerial and Decision Economics* 24 (4), pp.291-307.
Foss, N. J., C. Knudsen, and C. A. Montgomery (1995), "An Exploration of Common Ground : Integrating Evolutionary and Strategic Theories of the

Firm," in Montgomery, C. A. (ed.), *Resource-based and Evolutionary Theories of the firm: Towards a Synthesis*, Kluwer Academic Publishers, pp.1-17.

Foster, R. N. (1986), *Innovation: The Attacker's Advantage*, Macmillan. (大前研一訳 (1987)『イノベーション—限界突破の経営戦略』TBSブリタニカ)

Fujimoto, T. (1994), "The Dynamic Aspect of Product Development Capabilities: An International Comparison in the Automobile Industry," *Working paper 94-F-29*, Faculty of Economics, Tokyo University (August).

Ghoshal, S. and P. Moran (1996), "Bad for Practice: A Critique of the Transaction Cost Theory," *Academy of Management Review* 21 (1), pp.13-47.

Gibbons, R. (2001), "Firms (and Other Relationships)," in P. DiMaggio (ed.), The Twenty- First-Century Firm: *Changing Economic Organization in International Perspective*, Princeton University Press, pp.186-199.

Grant, R. M. (1991), "The Resource-Based Theory of Competitive Advantage: Implications for Strategy Formulation," *California Management Review* 33 (3), pp.114-135.

Grant, R. M. (1996), "Toward a Knowledge-Based Theory of the Firm," *Management Journal* 17 (Winter), pp.109-122.

Grant, R. M. (2002), *Contemporary Strategy Analysis: Concepts, Techniques, Applications*, 4th edition, Blackwell.

Hamel, G. and C. K. Prahalad (1994), *Competing for the Future*, Harvard Business School Press. (一條和生訳 (1995)『コア・コンピタンス経営』日本経済新聞社)

Hannan, M. T. and J. Freeman (1977), "The Population Ecology of Organizations," *American Journal of Sociology* 82 (5), pp.929-964.

Hannan, M. T. and J. Freeman (1984), "Structural Inertia and Organizational Change," *American Sociological Review* 49 (2), pp.149-164.

Hansen, M. T. and B. V. Oetinger (2001), "Introducing T-shaped Managers: Knowledge Management's Next Generation," *Harvard Business Review* 79 (3), pp.106-116.

Hayek, F. A. (1949), *Individualism and Economic Order*, Routledge and K. Paul. (嘉治元郎, 嘉治佐代訳 (2008)『個人主義と経済秩序』春秋社).

Helfat, C. E. (2007), "Dynamic Capabilities : Foundations," in Helfat, C. E., S. Finkelstein, W. Mitchell, M. A. Peteraf, H. Singh, D. J. Teece, and S. G. Winter, *Dynamic Capabilities : Understanding Strategic Change in Organizations*, Blackwell, pp.1-18.

Helfat, C. E. and M. A. Peteraf (2003), "The Dynamic Resource-based View:

Capability Lifecycles," *Strategic Management Journal* 24 (10), pp.997-1010.

Helfat, C. E., S. Finkelstein, W. Mitchell, M. A. Peteraf, H. Singh, D. J. Teece, and S. G. Winter (2007), *Dynamic Capabilities: Understanding Strategic Change in Organizations*, Blackwell. (谷口和弘, 蜂巣旭, 川西章弘訳 (2010)『ダイナミック・ケイパビリティ─組織の戦略変化』勁草書房)

Hempel, C. (1965), *Aspects of Scientific Explanation and other Essays in the Philosophy of Science*, Collier-Macmillan.

Itami, H. (1987), *Mobilizing Invisible Assets*, Harvard University Press.

Kogut, B. and U. Zander (1992), "Knowledge of the Firm, Combinative Capabilities, and the Replication of Technology," *Organization Science* 3 (3), pp.383-397.

Kogut, B. and U. Zander (1993), "Knowledge of the Firm and the Evolutionary Theory of the Multinational Corporation," *Journal of International Business Studies* 24 (4), pp.625-645.

Kogut, B. and U. Zander (1995), "Knowledge, Market Failure and the Multinational Enterprise: A Reply," *Journal of International Business Studies* 26 (2), pp.417-426.

Kogut, B. and U. Zander (1996), "What Firms Do? Coordination, Identity, and Learning," *Organization Science* 7 (5), pp.502-518.

Kuhn, T. S. (1996), *The Structure of Scientific Revolutions*, 3rd edition, University of Chicago Press. (中山茂訳 (1971)『科学革命の構造』みすず書房)

Lakatos, I. (ed. by J. Worrall and G. Currie) (1978), *The Methodology of Scientific Research Programmes*, Cambridge University Press. (村上陽一郎, 井山弘幸, 小林傳司, 横山輝雄訳 (1986)『方法の擁護』新曜社)

Langlois, R. N and P. L. Robertson (1995), *Firms, Markets and Economic Change: A Dynamic Theory of Business Institutions*, Routledge. (谷口和弘訳 (2004)『企業制度の理論─ケイパビリティ・取引費用・組織境界─』NTT出版)

Langlois, R. N. (2003) "The Vanishing Hand: the Changing Dynamics of Industrial Capitalism," *Industrial and Corporate Change* 12 (2), pp.351-385.

Leavitt, H. J. and J. G. March (1988), "Organizational Learning," *Annual Review of Society*, 14 (1), pp.319-340.

Leavitt, H. J. and J. Lipman-Blumen (1995), "Hot Groups," *Harvard Business Review* 73 (4), pp.109-116.

Leonard-Barton, D. (1992), "Core Capabilities and Core Rigidities: A Paradox in Managing New Product Development," *Strategic Management Journal* 13(S1), pp.111-125.

Leonard-Barton, D. (1995), *Wellsprings of Knowledge: Building and Sustaining the Sources of Innovation*, Harvard Business School Press.（安部孝太郎, 田畑暁生訳（2001）『知識の源泉―イノベーションの構築と持続―』ダイヤモンド社）

Leonard-Barton, D. and I. Deschamps (1988), "Managerial influence in the implementation of new technology," *Management Science* 34 (10), pp.1252-1265.

Levinthal, D. and J. G. March (1981), "A Model of Adaptive Organizational Search," *Journal of Economic Behavior and Organization* 2 (4), pp.307-333.

Levinthal, D. and J. March (1993), "The Myopia of Learning," *Strategic Management Journal* 14 (S2), pp.95-112.

Levitt, B. and J. G. March (1988), "Organizational Learning," *Annual Review of Sociology* 14 (1), pp.319-338.

Lippman, S. A. and R. P. Rumelt (1982), "Uncertain Imitability: An Analysis of Interfirm Differences in Efficiency under Competition," *Bell Journal of Economics* 13 (2), pp.418-438.

Mahoney, J. T. and J. R. Pandian (1992), "The resource-based view within the conversation of strategic management," *Strategic Management Journal* 13 (5), pp.363-380.

March, J. G. (1991), "Exploration and Exploitation in Organizational Learning," *Organization Science* 2 (1), pp.71-87.

March, J. G. and J. P. Olsen (1976), *Ambiguity and Choice in Organizations*, Universititetsforlaget.（遠田雄志, アリソン・ユング訳（1994）『組織におけるあいまいさと決定』有斐閣）

Metcalfe, J. S., and M. Gibbons (1989), "Technology, variety and organization," *Research on Technological Innovation, Management and Policy* 4, pp.153-193.

Milgram, P. and J. Roberts (1992), *Economics, Organization & Management*, Prentice Hall, Inc.（奥野正寛, 伊藤秀史, 今井晴雄, 西村理, 八木甫訳（1997）『組織の経済学』NTT出版）

Mintzberg, H. (1989), *Mintzberg on Management*, Free Press.（北野利信訳（1991）『人間感覚のマネジメント―行き過ぎた合理主義への抗議―』ダイヤモンド社）

Mises, L. (1949), *Human Action*, Yale University Press.

Nadler, D. A., R. B. Show, and A. E. Wolton and Associates (1995), *Discontinuous Change: Leading Organizational Transformation*, Jossey-Bass Ink.（斎藤彰悟監訳, 平野和子訳（1997）『不連続の組織変革―ゼロベースからの競争優位を創造するノウハウ―』ダイヤモンド社）

Nelson, R. R. (1991), "Why Do Firms Differ, and How Does It Matter ?," *Strategic Management Journal* 12 (S2), pp.61-74.

Nelson, R. R. and S. G. Winter (1982), *An Evolutionary Theory of Economic Change*, The Belknap Press of Harvard University Press.（後藤晃，角南篤，田中辰雄訳 (2007)『経済変動の進化理論』慶應義塾大学出版会）

Nonaka, I. and H. Takeuchi (1995), *The Knowledge-creating Company: How Japanese Companies Create the Dynamics of Innovation*, Oxford University Press.（梅本勝博訳 (1996)『知識創造企業』東洋経済新報社）

Penrose, E. T. (1959), *The Theory of the Growth of the Firm*, Oxford University Press.

Peteraf, M. A. (1991), "The Resource-based Model: an Emerging Paradigm for Strategic Management," *Discussion paper*, J.L. Kellogg Graduate School of Management, Northwestern University.

Peteraf, M. A. (1993), "The Cornerstones of Competitive Advantage: A Resource-Based View," *Strategic Management Journal* 14 (3), pp.179-191.

Peteraf, M. A. and J. B. Barney (2003), "Unraveling the Resource-Based Tangle," *Managerial and Decision Economics* 24 (4), pp.309-323.

Polanyi, M. (1962), *Personal knowledge: towards a post-critical philosophy*, Routledge and K. Paul.（長尾史郎訳 (1985)『個人的知識―脱批判哲学をめざして―』ハーベスト社）

Polanyi, M. (with a new foreword by A. Sen) (2009), *The Tacit Dimension*, University of Chicago Press.

Popper, K. R. (1959), *The Logic of Scientific Discovery, Hutchinson*.（森博，大内義一訳 (1971)『科学的発見の論理〔上〕』恒星社厚生閣）

Popper, K. R. (1963), *Conjectures and Refutations: The Growth of Scientific Knowledge*, Routledge and K. Paul.（藤本隆志，石垣壽郎，森博訳 (1980)『推測と反駁―科学的知識の発展―』法政大学出版局）

Popper, K. R. (1972), *Objective Knowledge: An Evolutionary Approach*, Clarendon Press.（森博訳 (1974)『客観的知識―進化論的アプローチ』木鐸社）

Popper, K. R. (1976), *Unended Quest: An Intellectual Autobiography*, Open Court.（森博訳 (2004)『果てしなき探求（下）―知的自伝―』岩波書店）

Porter, M. E. (1980), *Competitive Strategy*, Free Press.（土岐坤，中辻萬治，服部照夫訳 (1982)『競争の戦略』ダイヤモンド社）

Porter, M. E. (1981), "The Contributions of Industrial Organization to Strategic Management," *Academy of Management Review* 6 (4), pp.609-620.

Porter, M. E. (1985), *Competitive Advantage: Creating and Sustaning Superior Performance*, Free Press.（土岐坤，中辻萬治，小野寺武夫訳 (1985)『競争優位の戦略―いかに高業績を持続させるか―』ダイヤモンド社）

Prahalad, C. K. and G. Hamel (1990), "The Core Competence of the Corporation,"

Harvard Business Review 68 (3), pp79-91. (坂本義実訳 (1990)「コア競争力の発見と開発」『ダイヤモンド・ハーバード・ビジネス』第15巻第 5 号, pp.4-18.)

Prahalad, C. K. and M. S. Krishnan (2008), *The Age of Innovation*, McGraw-Hill Companies, Inc.

Prahalad, C. K., and V. Ramaswamy (2004), *The Future of Competition*, Harvard Business School Press.

Probst, G. and B. Buchel (1997), *Organizational Learning*, Prentice Hall.

Raynor, M. E. (2007), *The Strategy Paradox: Why Committing to Success Leads to Failure [and What to Do about It]*, Currency Books. (櫻井祐子訳, 松下芳生, 高橋淳一監修 (2008)『戦略のパラドックス』翔泳社)

Rubin, P. H. (1973), "The expansion of firms," *Journal of Political Economy* 81 (4), pp.936-949.

Rumelt, R. P. (1984), "Towards a Strategic Theory of the Firm," in R. B. Lamb (ed.), *Competitive Strategic Management*, Prentice Hall, pp.131-145.

Rumelt, R. P. (1987), "Theory, Strategy, and Entrepreneurship," in D. J. Teece (ed.), *The Competitive Challenge: Strategies for Industrial Innovation and Renewal*, Ballinger, pp.137-158.

Rumelt, R. P. (1991), "How Much Does Industry Matter," *Strategic Management Journal* 12 (3), pp.167-185.

Rumelt, R. P., D. Schendel, and D. J. Teece (1991), "Strategic Management and Economics," *Strategic Management Journal* 12 (S2), pp.5-29.

Schmalensee, R. (1985), "Do Markets Differ Much?," *American Economic Review* 75 (3), pp.341-351.

Schreyögg, G. and M. Kliesch-Eberl (2007), "How Dynamic can Organizational Capabilities be? Towards a Dual-Process Model of Capability Dynamization," *Strategic Management Journal* 28 (9), pp.913-933.

Simon, H. A. (1976), *Administrative Behavior*, 3rd edition, The Free Press.

Stalk, G., P. Evans, and L. E. Shulman, (1992), "Competing on Capabilities: The New Rules of Corporate Strategy," *Harvard Business Review* 70 (2), pp.57-69. (八原忠彦訳 (1992)「戦略行動能力に基づく競争戦略」『ダイヤモンド・ハーバード・ビジネス』第17巻第 4 号, pp.4-19.)

Teece, D. J (1980), "Economies of Scope and the Scope of the Enterprise," *Journal of Economic Behavior and Organization* 1 (3), pp.223-247.

Teece, D. J, G. Pisano, A. Shuen (1990), Enterprise Capabilities, Resources and the Concept of Strategy. Consortium on Competitiveness and Cooperation, *Working paper CCC 90-8*, Institute of Management, Innovation and

Organization, University of California.
Teece, D. J. (1982), "Towards an economic theory of the multiproduct firm," *Journal of Economic Behavior and Organization* 3 (1), pp.39-63.
Teece, D. J. (2007), "Explicating Dynamic Capabilities: The Nature and Microfoundations of (Sustainable) Enterprise Performance," *Strategic Management Journal* 28 (13), pp.1319-1350.
Teece, D. J. (2009), *Dynamic Capabilities and Strategic Management: Organizing for Innovation and Growth*, Oxford University Press.(谷口和弘, 蜂巣旭, 川西章弘, ステラ・S・チェン訳 (2013)『ダイナミック・ケイパビリティ戦略―イノベーションを創発し, 成長を加速させる力』ダイヤモンド社)
Teece, D. J., G. Pisano, and A. Shuen (1992), "Dynamic Capabilities and Strategic Management," *Working paper*, Consortium on Competitiveness and Cooperation, University of California at Berkeley.
Teece, D. J., G. Pisano, and A. Shuen (1997), "Dynamic Capabilities and Strategic Management," *Strategic Management Journal* 18 (7), pp.509-533.
Tidd, J., J. Bessant, and K. Pavitt (2001), *Managing Innovation: Integrating Technolocical, Market and Organization Change*, 2nd edition, John Wiley and Sons, Ltd.(後藤晃, 鈴木潤訳 (2004)『イノベーションの経営学―技術・市場・組織の統合的マネジメント―』NTT出版)
Tushman, M. L. and C. A. O' ReillyⅢ (1997), *Winning through Innovation: A Practical Guide to Learning Organizational Change and Renewal*, Harvard Business School Press.(斎藤彰悟監訳, 平野和子訳 (1997)『競争優位のイノベーション』ダイヤモンド社)
Ulrich, D. and N. Smallwood (2004) "Capitalizing on Capabilities," *Harvard Business Review* 82 (6), pp.119-127.(DIAMONDハーバード・ビジネス・レビュー編集部編訳 (2007)『組織能力の経営論―学び続ける企業のベスト・プラクティス―』ダイヤモンド社, pp.475-508)
Wernerfelt, B. (1984), "A Resource-Based View of the Firm," *Strategic Management Journal* 5 (2), pp.171-180.
Williams, J. R. (1992), "How Sustainable is Your Competitive Advantage?," *California Management Review* 34 (3), pp.29-51.
Williamson O. E. (1986), *Economic Organization: Firms, Markets and Policy Control*, New York University Press.(井上薫, 中田善啓訳 (1989)『エコノミック・オーガニゼーション―取引コストパラダイムの展開―』晃洋書房)
Williamson O. E. (1999), "Strategy Research: Governance and Competence Perspectives," *Strategic Management Journal* 20 (12), pp.1087-1108.
Winter, S. G. (2000), "The Satisficing Principle in Capability Learning", *Strategic*

Management of Journal 21 (10/11), pp.981-996.
Winter, S. G. (2003), "Understanding Dynamic Capabilities," *Strategic Management Journal* 24 (10), pp.991-995.
Wolpert, J. D. (2002), "Breaking Out of the Innovation Box," *Harvard Business Review* 80 (8), pp.76-83.
Yin. R. K. (1994), *Case Study Research: Design and Methods*, 4th edition, Sage.
Zollo, M. and S. G. Winter, (2002), "Deliberate Learning and the Evolution of Dynamic Capabilities", *Organization Science* 13 (3), pp.339-351.
「ケーススタディー 花王 本業集中で欧米2強に対抗」『日経ビジネス』1999年1月11日号, pp.46-49.
「巻き返しの研究 花王 消費者目線で『常識』返上」『日経ビジネス』2007年1月8日号, pp.64-69.
赤尾充哉 (2010) 「ティース理論の変遷―ダイナミック・ケイパビリティの誕生―」渡部直樹編著『ケイパビリティの組織論・戦略論』中央経済社, pp.93-109.
石川伊吹 (2005) 「RBVの誕生・系譜・展望― 戦略マネジメント研究の所説を中心として」『立命館経営学』第43巻第6号, pp.123-140.
石川伊吹 (2006) 「資源ベースの戦略論における競争優位の源泉と企業家の役割―オーストリア学派の資本理論と企業家論からのアプローチ」『立命館経営学』第45巻第4号, pp.195-222.
今井亮平 (2000) 『新しい酒文化に挑戦する オンリーワンの蔵―日本酒神話を創る一ノ蔵の企業戦略』ブレインキャスト
大月博司 (2005) 『組織変革とパラドックス (改訂版)』同文舘出版
花王株式会社 ホームページ, http://www.kao.com/jp/corp/index.html, 2009年12月16日閲覧
金森久雄, 荒憲治郎, 森口親司編 (1998) 『有斐閣経済辞典』有斐閣
株式会社CSKホールディングス ホームページ, http://www.csk.com/index.html, 2009年12月16日閲覧
株式会社一ノ蔵 ホームページ, http://www.ichinokura.co.jp/home2.htm, 2009年12月16日閲覧
菊澤研宗編著 (2010) 『企業の不条理―「合理的失敗」はなぜ起こるのか―』中央経済社
木原仁 (1994) 「制度的視点から見た企業行動とその進化：ルーティンを分析対象として」『三田商学研究』第36巻第6号, pp.49-65.
厚生労働省 都道府県労働局 労働基準監督署 (2012) 『労働契約法改正のポイント』http://www.mhlw.go.jp/seisakunitsuite/bunya/koyou_roudou/roudoukijun/keiyaku/kaisei/dl/h240829-01.pdf
厚生労働省 ホームページ, http://www.mhlw.go.jp/, 2013年11月9日閲覧

榊原研互（2007）「ナレッジマネジメントにおける知識選択の問題─ドイツ経営経済学における科学論的考察─」『三田商学研究』第50巻第3号, pp.121-137.
榊原研互, 菊澤研宗（1987）「批判的合理主義における合理性原理の身分と役割」『三田商学研究』第30巻第4号, pp.19-30.
下川浩一（1997）『日米自動車産業攻防の行方』時事通信社
ソニー株式会社　アニュアル・レポート（1996-2003）
ソニー株式会社　ホームページ, http://www.sony.co.jp/, 2009年12月16日閲覧
ソニー株式会社　有価証券報告書（1996-2003）
只腰親和, 佐々木憲介編（2010）『イギリス経済学における方法論の展開』昭和堂
丹沢安治（1978）「ドイツ経営経済学における科学性および認識進歩の分析の可能性」『三田商学研究』第21巻第1号, pp.86-104.
常盤文克（1999）『知と経営─モノづくりの原点と未来─』ダイヤモンド社
永野寛子（2007）「組織活性化のための組織学習─学習によるコア・ケイパビリティの形成と更新に着目して─」『三田商学研究』第50巻第3号, pp.457-468.
永野寛子（2008）「資源ベース理論におけるコア・リジディティ概念の意義」『立正経営論集』第41巻第1号, pp.93-119.
永野寛子（2009）「ダイナミック・ケイパビリティ・アプローチについての資源ベース理論からの一考察─Teece, Pisano, and Shuen（1997）およびTeece（2007）に着目して─」『経営哲学』第6巻第2号, pp.53-66.
永野寛子（2010a）「戦略論の系譜─資源ベース論からダイナミック・ケイパビリティへ─」渡部直樹編著『ケイパビリティの組織論・戦略論』中央経済社, pp.176-193.
永野寛子（2010b）「企業におけるケイパビリティと硬直化─情報産業および伝統的産業へのインタビュー調査─」『平成20年度　立正大学産業経営研究所年報（第27号）』立正大学産業経営研究所, pp.31-38.
永野寛子（2012c）「なにが会社の強みなのか？」田中信弘・木村有里編著『ストーリーで学ぶマネジメント─経営管理「超」入門─』文眞堂, pp.84-89.
永野寛子（2012d）「ビジョンはなぜ重要なのか？」田中信弘・木村有里編著『ストーリーで学ぶマネジメント─経営管理「超」入門─』文眞堂, pp.78-83.
永野寛子（2014）「資源ベース論における知識」渡部直樹編著『企業の知識理論─組織・戦略の研究─』中央経済社, pp.26-47.
永野寛子, 中山景（2012）「学習のあり方を問い直し, 組織を活性化する」『人材教育』第24巻第5号, pp.36-39.
西谷勢至子（2010）「企業進化と経営者の戦略的意思決定─進化経済学から見るケイパビリティ─」渡部直樹編著『ケイパビリティの組織論・戦略論』中央経済社, pp.194-221.
槇谷正人（2012）『経営理念の機能─組織ルーティンが成長を持続させる─』中央

経済社
森本隆男,矢倉伸太郎（1998）『転換期の日本酒メーカー』森山書店
渡部直樹（2006）「戦略と構造,そしてケイパビリティ―進化論の観点からの再構成
　　―」『三田商学研究』第49巻第4号,pp.81-99.
渡部直樹（2007）「ラングロアの消えゆく手（vabishing hand）仮説の批判―ポス
　　ト・チャンドラー・エコノミーと歴史法則主義―」『三田商学研究』第50巻第
　　3号,pp.57-81.
渡部直樹（2008）「生物の進化,制度,並びに科学的知識の進化：批判的合理主義の
　　観点からの進化概念の再構成」『三田商学研究』第51巻第4号,pp.25-41.
渡部直樹（2010）「ケイパビリティ論とは何か―方法と系譜―」渡部直樹編著『ケ
　　イパビリティの組織論・戦略論』中央経済社,pp.67-92.
渡部直樹（2010）「ケイパビリティ論の性格と意義」『三田商学研究』第53巻第2号,
　　pp.83-100.
渡部直樹編著（2010）『ケイパビリティの組織論・戦略論』中央経済社
渡部直樹編著（2014）『企業の知識理論―組織・戦略の研究―』中央経済社

索　引

【欧文】

S-C-Pパラダイム ……………… 71
TCR活動 …… 65, 132, 133, 134, 136

【あ】

誤り排除…… 6, 17, 43, 49, 61, 69, 127, 139, 163, 168
暗黙的知識…… 122, 130, 137, 138, 141, 165, 181
一般法則……………………… 24, 25
遺伝……………………… 13, 20, 30
意図せざる結果… 6, 17, 18, 49, 52, 59, 60, 61, 83, 161, 162, 163
イノベーション… 83, 89, 90, 112, 114, 116, 117
イノベーターのジレンマ… 53, 54, 55, 64, 86, 96, 161
エコ・システム……… 90, 91, 130, 131
演繹可能性………………………… 31

【か】

外部環境……………… 63, 71, 130, 166
――分析 ……… 71, 130, 138
学習… 52, 78, 79, 82, 84, 85, 91, 92, 108, 110, 113, 129, 130, 164, 174
学習論……… 82, 91, 130, 140, 166
隔離メカニズム……………… 73, 74
可謬主義………………………… 168

環境………… 51, 63, 83, 86, 87, 91, 98
――変化…… 54, 55, 86, 87, 88, 97, 113, 134, 135, 150, 164, 181
間主観的……………………… 14, 17, 21
慣性………………… 51, 52, 84, 86, 161
企業家的精神… 90, 114, 115, 116, 117, 119, 120, 122, 130, 137, 138, 153, 154, 165, 166, 169, 181
技術…… 52, 53, 54, 55, 75, 96, 108, 110
――開発………………………… 53
――のS曲線………………… 53
――の不連続変化…………… 52
基礎言明……………… 141, 142, 152
技能・ノウハウ…… 108, 111, 112, 115, 116, 117, 120, 165
帰納主義………………… 23, 24, 43
客観的知識………………… 14, 20, 30
境界設定の基準………………… 24
競争優位………………………… 39, 56
――性（優位性）… 74, 77, 82, 88, 89, 92, 128, 129, 163, 164
――の源泉…… 37, 80, 83, 95, 105, 107, 111, 112, 130, 132, 149, 153, 164
共通起源説……………………… 20
ケイパビリティ… 40, 78, 79, 80, 81, 89, 95, 96, 103, 108, 109, 110, 111, 113, 115, 128, 131, 164, 165, 174
ケイパビリティ・ライフサイクル… 40

経路依存性………50, 51, 52, 56, 58, 62, 63, 161
　──の逆機能………49, 50, 52, 56, 57, 62, 75, 161, 162
研究プログラム………………25, 31
コア・ケイパビリティ…63, 65, 82, 83, 84, 85, 86, 87, 88, 90, 91, 96, 97, 98, 103, 128, 140, 141, 143, 147, 148, 149, 164, 174, 175, 177
コア・コンピタンス……78, 79, 80, 81, 96, 148, 149
コア・コンピタンス論…37, 62, 78, 79, 98, 103, 108
コア・リジディティ……62, 82, 83, 84, 85, 86, 87, 90, 97, 98, 104, 112, 116, 128, 130, 139, 164, 174, 175, 177, 181
構造的慣性…………………………51
硬直化…6, 49, 50, 52, 56, 57, 58, 59, 60, 61, 69, 70, 83, 85, 127, 131, 139, 161, 162, 163, 174
　第1の──（個別資源強化の逆機能）……61, 62, 63, 70, 75, 77, 94, 103, 108, 111, 127, 128, 138, 139, 145, 163
　第2の──（コア・ケイパビリティ強化の逆機能）…61, 62, 63, 70, 82, 85, 86, 88, 90, 91, 92, 98, 104, 112, 127, 128, 138, 139, 145, 163, 164, 174
個人的知識……115, 116, 117, 119, 120, 122, 137, 153, 154, 165
個別資源…65, 72, 74, 75, 77, 78, 79, 81, 82, 92, 10, 106, 107, 108, 109, 111, 128, 137, 140, 141, 142, 143, 144, 145, 146, 147, 148, 149, 150, 151, 154, 155, 163, 164, 167
コンピテンシーの罠…………52, 161

【さ】

暫定的解決……5, 6, 17, 43, 56, 61, 69, 70, 73, 74, 78, 89, 98, 127, 128, 163, 164, 168
シージング……………………117
資源ベース論…3, 6, 13, 19, 35, 36, 37, 38, 39, 40, 41, 45, 49, 56, 57, 59, 60, 65, 69, 71, 72, 73, 77, 79, 81, 82, 86, 88, 92, 97, 98, 103, 104, 105, 106, 108, 109, 111, 113, 116, 117, 119, 122, 127, 128, 130, 131, 132, 136, 137, 138, 139, 140, 141, 142, 152, 153, 154, 154, 156, 159, 160, 161, 162, 163, 164, 165, 166, 167, 168, 169, 173, 174, 175
自然淘汰………………………21, 30
持続的技術……………………53, 54
実証可能性………………………24
主観的知識……………………30, 153
初期条件………………………24, 25
進化…5, 6, 18, 19, 20, 22, 26, 49, 56, 57
進化的適合度……………………90
進化論……20, 21, 37, 40, 92, 114, 115, 130, 140, 164, 166, 170
新市場型破壊………………55, 64, 65
心理主義…………………………30
推測………5, 22, 25, 26, 35, 43, 49, 159,

160, 161
成功シンドローム（経営の罠としての適合性）……………… 86, 87
精確性……… 28, 29, 32, 140, 153, 154, 155, 156
制度…… 17, 50, 51, 56, 57, 58, 59, 161, 162, 174, 181
世界1 … 4, 14, 15, 16, 17, 18, 26, 58, 59, 60, 75, 77, 88, 159, 162, 173
世界2 … 4, 14, 15, 16, 17, 18, 19, 26, 29, 58, 59, 153, 154, 159, 173
世界3 … 4, 5, 13, 14, 15, 16, 17, 18, 19, 20, 21, 22, 26, 29, 49, 57, 58, 59, 60, 153, 154, 159, 162, 173
　　　――の実在性………………… 15, 17
　　　――の自律性………… 17, 19, 20
世界3論…………… 13, 15, 57, 59, 153
潜在的反証者…… 26, 27, 31, 140, 141, 142, 152, 167
センシング……………………… 117
前進的問題移動……………… 31
専門的知識…… 75, 107, 109, 110, 117, 120
戦略的インプリケーション……… 59
戦略的要素市場……………… 74
戦略のパラドックス…… 54, 55, 86, 96, 161
総合言明……………………… 23
組織ケイパビリティ…… 38, 110, 112, 114, 115, 120

【た】

ダーウィン主義（ダーウィニズム）
……………… 13, 19, 20, 21, 22, 25
代替困難性……………… 56, 74, 107
ダイナミック・ケイパビリティ… 37, 38, 39, 40, 65, 89, 90, 92, 103, 104, 112, 113, 114, 115, 116, 117, 119, 121, 122, 128, 130, 131, 137, 138, 140, 141, 143, 147, 150, 151, 152, 153, 154, 164, 166, 168, 169, 170, 174, 175, 177, 181
ダイナミック・ケイパビリティ論
……… 37, 38, 39, 40, 61, 89, 103, 104, 105, 112, 113, 114, 115, 116, 119, 121, 122, 131, 136, 138, 150, 153, 154, 165, 166, 167, 168, 169
ダイナミック資源ベース論…… 39, 40
妥当性の問題（権利問題）……… 22
単称言明……………………… 23, 24
知識… 14, 20, 21, 22, 26, 38, 79, 84, 96, 103, 104, 105, 106, 107, 108, 110, 111, 112, 115, 116, 119, 121, 127, 136, 153, 165, 166, 181
　　科学的――………………… 19, 20
　　組織的――…… 110, 114, 117, 119, 120, 121, 122, 165
　　――構築活動……… 82, 83, 84, 85, 121, 129, 130
知識ベース論…… 37, 38, 40, 103, 104, 105, 106, 107, 108, 109, 110, 111, 112, 114, 115, 119, 120, 121, 122, 123, 165
定向進化……………………… 21, 22

テクニカル適合度・・・・・・・・・・・・・・・・・・ 90
統合ケイパビリティ・・・・・・・・ 79, 81, 110, 114, 120
同語反復（トートロジー）・・・・・・・・・ 23
淘汰・・・・・・・・・・・・・・・・・・・・ 5, 13, 115, 130
トライアル・アンド・エラー・・・ 4, 17, 21, 22, 43, 57, 131

【な】

内部資源・・・・・・・・ 141, 142, 143, 166, 167
認識進歩・・・・・・5, 6, 19, 22, 25, 26, 43, 61, 69, 127, 152, 154, 155, 159, 161, 162, 163, 167, 168, 169
認識論・・・・・・・・・・・・・・・・・・・・・・・・・ 14, 44
認識論的意義・・・ 6, 7, 127, 139, 165, 166

【は】

ハード・コア（硬い核）・・・・・・・・・・・ 31
破壊的技術・・・・・・・・・・・・・・・・ 53, 54, 64
発見・・・・・・・・・・・・・・・・・・・・・・・・・ 16, 20
発見の問題（事実問題）・・・・・・・・・ 22
パラダイム・・・・・・・・・・・・・・・・・・・・・・・ 31
反証・・・・・・ 21, 31, 43, 49, 60, 61, 73, 139, 162, 163, 164, 169
反証可能性（テスト可能性）・・・22, 24, 26, 27, 28, 140, 142, 167
反駁・・5, 6, 19, 21, 22, 25, 26, 35, 43, 49, 77, 88, 111, 145, 159, 160, 161
反駁可能性・・・・・・・・・・・ 153, 154, 155, 167
反復可能性（再生可能性）・・・ 120, 121, 137, 138, 166
ビジネス・プロセス・・・・・・・・・・・・・・ 79

非対称性・・・・・・・・・・・・・・・・・・・・・・・・・ 24
批判的議論・・・ 15, 17, 19, 20, 21, 22, 25, 49, 59, 60, 62, 70, 77, 82, 88, 127, 138, 154, 162, 163, 164, 168, 169
批判的合理主義・・・・・・ 4, 42, 69, 159, 168
批判的テスト・・・・・・・・・・・・・・・・・ 17, 159
非流動性（取引不可能性）・・・ 74, 107
不確実性・・・・・・・・・ 50, 51, 52, 54, 55
部分集合・・・・・・・・・・・・・・・ 27, 141, 142
普遍言明・・・・・・・・・・・・・・・・・・・・・ 23, 24
普遍性・・・・・・・・ 28, 32, 140, 141, 153, 154, 155, 156
プロテクティヴ・ベルト（防御帯）・・・ 31
分析言明・・・・・・・・・・・・・・・・・・・・・・・・・ 23
変異・・・・・・・・・・・・・・・・・・・・・・ 13, 21, 30
変異性・・・・・・・・・・・・・・・・・・・・・・・ 21, 30
ヘンペル＝オッペンハイム図式・・・ 24
ペンローズ効果・・・・・・・・・・・・・・・・・・ 137
補完性・・・・・・63, 66, 108, 120, 143, 144, 145, 154
　　　外部——・・・・・・ 63, 88, 91, 92, 141, 146, 147, 150, 151
　　　内部——・・・・・ 62, 63, 77, 82, 91, 111, 141, 146, 147, 148, 149, 150, 151, 164
ポジショニング・アプローチ・・・ 45, 71, 73, 130, 138, 139, 163
本質主義・・・・・・・・・・・・・・・・・・ 42, 43, 160

【ま】

ミクロ的基礎・・・・・・・・ 117, 119, 169, 122
無限後退・・・・・・・・・・・・・・・・ 24, 42, 160

模倣困難性……… 56, 74, 82, 107, 120
問題… 15, 17, 19, 20, 21, 25, 26, 43, 59, 60, 77, 88, 127, 128, 131, 139, 140, 160, 162, 163, 164, 167
　　──移動…… 4, 5, 6, 13, 25, 26, 44, 61, 69, 103, 109, 127, 130, 131, 139, 140, 159, 160, 163, 169
　　──状況…… 4, 21, 42, 43, 45, 60, 77, 103, 128, 139, 140, 161, 162, 166, 167, 168
問題主義………………………… 42, 161

【ら】

リコンフィギュアリング………… 117
理論… 13, 17, 19, 20, 21, 22, 24, 25, 26, 27, 42, 43, 56, 57, 58, 59, 60, 61, 69
理論進化… 5, 13, 19, 22, 25, 42, 43, 45, 49, 57, 60, 61, 69, 88, 104, 105, 109, 111, 112, 113, 119, 121, 122, 127, 128, 131, 132, 136, 139, 140, 141, 152, 153, 155, 160, 161, 162, 163, 165, 166, 167, 168, 173, 174
理論的言明… 27, 70, 74, 77, 82, 88, 89, 92, 136, 140, 141, 142, 147, 149, 151, 152, 154, 155, 156, 159, 164, 167
ルーティン… 37, 51, 57, 63, 82, 88, 89, 109, 113, 114, 115, 116, 117, 118, 121, 130, 131, 153, 181
ルーティン・ベース論…………… 40
レント……………………………… 73
　　企業家的──………………… 137
ローエンド型破壊………… 55, 65

論理実証主義者………………… 19
論理的演繹……………………… 24

【人名・社名】

青木昌彦（Aoki, M.）…………… 57
アージリス（Argyris, C.）……… 52
ウィンター（Winter, S.）…… 89, 103, 113, 114, 115, 117, 121, 150, 164, 174
ウルリッヒ（Ulrich, D.）………… 80
オーライリー3世（O'Reilly, C. A.）
　…………………………… 86, 97
花王株式会社………………… 59, 65
株式会社一ノ蔵………… 176, 178, 180
株式会社CSKホールディングス
　…………………… 176, 177, 179
クール（Cool, K.）… 56, 73, 74, 94, 107
クーン（Kuhn, T. S.）…………… 31
クラーク（Clark, K.B.）……… 66, 94
グラント（Grant, R. M.）… 36, 37, 38, 39, 40, 41, 78, 103, 106, 107, 108, 109, 110, 123, 160, 164
クリステンセン（Christensen, C. M.）
　………… 52, 53, 54, 55, 64, 86, 161
コグート（Kogut, B.）…… 79, 81, 95, 103, 107, 108, 109, 110, 164
ザンダー（Zander, U.）… 79, 81, 95, 103, 107, 108, 109, 110, 164
ストーク（Stalk, G.）…… 78, 81, 95, 103, 108, 164
スモールウッド（Smallwood, N.）… 80
ゾロ（Zollo, M.）… 89, 103, 113, 114, 117, 121, 164, 174

タッシュマン（Tushman, M. L.）
　　………………………………… 86, 97
ティース（Teece, D. J.）… 36, 38, 39,
　　40, 41, 89, 90, 91, 103, 104, 113, 114,
　　115, 116, 117, 122, 130, 131, 136, 137,
　　138, 153, 154, 160, 164, 165, 166, 169,
　　174, 181
ディーリックス（Dierickx, I.）… 56,
　　73, 74, 94, 107
バーニー（Barney, J. B.）…6, 36, 45,
　　73, 74, 107, 156, 163
ハメル（Hamel, G.）…… 62, 75, 78, 79,
　　80, 94, 103, 108, 111, 148, 149, 163,
　　164
ハンナン（Hannan, M. T.）……… 51
フォス（Foss, N. J.）…… 36, 37, 39, 40,
　　41, 160
フォスター（Foster, R. N.）… 52, 55
藤本隆宏（Fujimoto, T.）…… 66, 94
プラハラッド（Prahalad, C. K.）… 62,
　　75, 78, 79, 80, 94, 98, 103, 108, 111,
　　148, 149, 163, 164
フリーマン（Freeman, J.）……… 51
ペテラフ（Peteraf, M. A.）…… 36, 40,
　　41, 160
ヘルファット（Helfat, C. E.）… 36, 39,
　　40, 41, 89, 90, 103, 113, 114, 117, 121,
　　124, 160, 164, 170, 174
ペンローズ（Penrose, E. T.）…… 136,
　　137, 156, 166
ポーター（Porter, M. E.）…… 71, 72,
　　93, 130, 138
ポパー（Popper, K. R.）… 4, 6, 13, 14,
　　15, 16, 19, 20, 21, 22, 23, 24, 25, 26,
　　27, 28, 29, 30, 31, 32, 42, 43, 57, 59,
　　69, 131, 140, 153, 159, 160, 161, 168
マーチ（March, J.）………… 52, 161
ラカトシュ（Lakatos, I.）……… 31
ラマスワミ（Ramaswamy, V.）… 98
ラングロア（Langlois, R. N）… 50, 63
ルメルト（Rumelt, R. P.）…… 73, 74,
　　93, 137, 156, 163
レイナー（Raynor, M. E.）…… 52, 54,
　　55, 65, 86, 161
レオナルド・バートン（Leonard-Barton, D）
　　…… 62, 82, 83, 84, 86, 87, 96, 97, 112,
　　116, 164, 174, 181
レビット（Levitt, B.）……… 52, 161
レビンシャル（Levintial, D.）…… 52
ロバートソン（Robertson, P. L.）
　　………………………………… 50, 63
ワーナーフェルト（Wernerfelt, B.）
　　… 6, 36, 45, 72, 93, 106, 107, 122, 156

● 著者紹介

永野 寛子（ながの　ひろこ）
立正大学経営学部准教授。博士（商学）。

1978年12月	東京都大田区生まれ
2001年3月	慶應義塾大学商学部卒業
2003年3月	慶應義塾大学大学院商学研究科修士課程修了
2008年3月	慶應義塾大学大学院商学研究科後期博士課程単位取得退学
2008年4月	立正大学経営学部特任講師
2009年4月	立正大学経営学部専任講師
2011年4月	立正大学経営学部准教授（現在に至る）
2014年5月	慶應義塾大学商学研究科より博士（商学）の学位を取得

[主要業績]
『企業の知識理論――組織・戦略の研究』（共著，中央経済社，2014年），『ケイパビリティの組織論・戦略論』（共著，中央経済社，2010年），「ダイナミック・ケイパビリティ・アプローチについての資源ベース理論からの一考察――Teece, Pisano, and Shuen（1997）およびTeece（2007）に着目して」『経営哲学』第6巻第2号，pp.53-66（2009年），「資源ベース理論におけるコア・リジディティ概念の意義」『立正経営論集』第41巻第1号，pp.93-119（2008年）他。

資源ベース論の理論進化
――企業における硬直化を巡る分析

2015年3月20日　第1版第1刷発行

著者　永　野　寛　子
発行者　山　本　憲　央
発行所　㈱中央経済社

〒101-0051　東京都千代田区神田神保町1-31-2
電話　03（3293）3371（編集部）
　　　03（3293）3381（営業部）
http://www.chuokeizai.co.jp/
振替口座　00100-8-8432
印刷／三英印刷㈱
製本／誠　製　本㈱

©2015
Printed in Japan

＊頁の「欠落」や「順序違い」などがありましたらお取り替えいたしますので小社営業部までご送付ください。（送料小社負担）
ISBN978-4-502-13481-4　C3034

JCOPY〈出版者著作権管理機構委託出版物〉本書を無断で複写複製（コピー）することは，著作権法上の例外を除き，禁じられています。本書をコピーされる場合は事前に出版者著作権管理機構（JCOPY）の許諾を受けてください。
JCOPY〈http://www.jcopy.or.jp　eメール：info@jcopy.or.jp　電話：03-3513-6969〉

一般社団法人 日本経営協会[監修]　特定非営利活動法人 経営能力開発センター[編]

経営学検定試験公式テキスト

経営学検定試験（呼称：マネジメント検定）とは，
経営に関する知識と能力を判定する唯一の全国レベルの検定試験です。

1
経営学の基本
（初級受験用）

2
マネジメント
（中級受験用）

3
人的資源管理／
経営法務
（中級受験用）

4
マーケティング／
IT経営
（中級受験用）

5
経営財務
（中級受験用）

キーワード集

過去問題・
解答・解説
初級編

過去問題・
解答・解説
中級編

中央経済社